알쏭달쏭
인공지능과
PPT 마법사

MARINEBOOKS

한눈에 알아보는 책의 구성

학습 내용 확인하기
오늘 배울 내용을 확인해요.

인공지능 미리보기
작업 전·후 이미지를 비교하면서
인공지능 도구의 쓰임새를
알 수 있어요.

PPT 활용 미리보기
인공지능 체험 결과물을 PPT에
어떻게 활용하는지 살펴보아요.

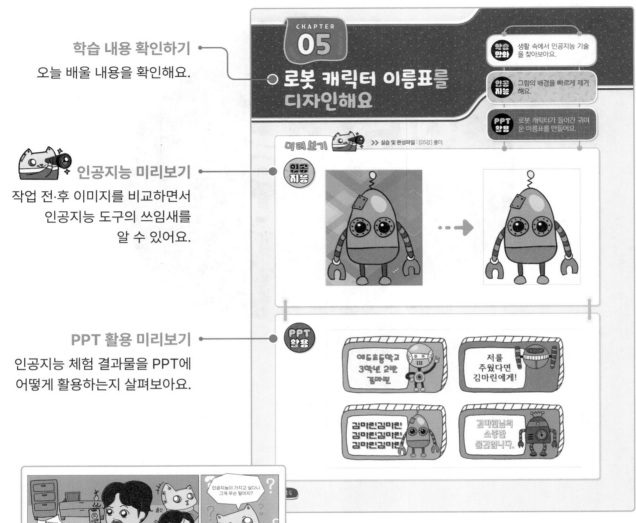

인공지능 학습만화

인공지능과 관련된 기초 개념을
재미있는 만화로 풀어냈어요.
주인공인 '마린봇'과 함께 쉽고 재미난
인공지능 이야기에 빠져 보세요!

야호~

STEP 01 인공지능

로그인 없이 간단하고 신기한 인공지능 사이트를 체험해요.

STEP 02 PPT 활용

인공지능과 PPT를 연계해
다양한 작품을 만들어요.

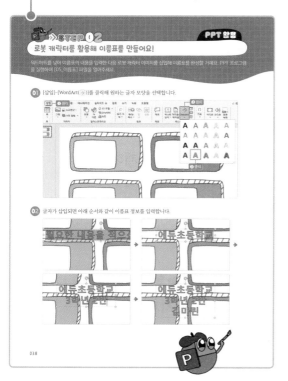

정리하기

인공지능과 관련된 문제를 해결하면서
배운 내용을 정리해요.

이 책의 목차

006 Chapter 01
학습만화

인공지능, 해양 생물을 분류해줘

인공지능 AI for Oceans을 이용해 인공지능을 학습시켜요!

PPT 활용 인공지능 수료증을 그림으로 불러와요!

014 Chapter 02

도전! 어린이 만화가

인공지능 페탈리카페인트로 캐릭터를 멋지게 색칠할 수 있어요!

PPT 활용 말풍선을 넣어 만화를 만들어요!

020 Chapter 03
학습만화

인공지능으로 그리는 초상화

인공지능 포트레이트AI로 옛날 느낌이 나는 초상화를 그려요!

PPT 활용 PPT에 저장된 이미지를 넣어보세요!

028 Chapter 04

흑백 사진을 컬러로 바꿔요

인공지능 이미지컬러라이저로 흑백 사진을 컬러 사진으로 바꿀 수 있어요!

PPT 활용 컬러 이미지에 움직임을 적용해요!

034 Chapter 05
학습만화

로봇 캐릭터 이름표를 디자인해요

인공지능 리무브비지로 그림의 배경을 빠르게 제거할 수 있어요!

PPT 활용 로봇 캐릭터를 활용해 이름표를 만들어요!

042 Chapter 06

번역기로 퀴즈 정답을 찾아요

인공지능 파파고번역기를 이용해 다른 나라의 언어를 우리나라 말로 바꿔요!

PPT 활용 필요한 그림을 찾아 간편하게 복사해요!

048 Chapter 07
학습만화

합성사진 앨범을 만들어요

인공지능 포토퍼니아로 재미있는 사진 합성 놀이를 해요!

PPT 활용 도형 안에 합성한 사진을 넣어 앨범을 완성해요!

056 Chapter 08

멋진 발표 자료를 완성해요

인공지능 웨이브실크를 이용해 데칼코마니 그림을 그려요!

PPT 활용 데칼코마니 작품을 슬라이드 배경으로 적용해요!

062 Chapter 09
학습만화

재미있는 n행시집을 완성해요

인공지능 챗GPT와 함께 n행시를 만들어요!

PPT 활용 복사한 2행시를 PPT로 불러와 시집을 만들어요!

068 Chapter 10

틀린 그림 찾기 게임을 해요

인공지능 클린업픽쳐스로 그림을 수정해요!

PPT 활용 틀린 그림 찾기를 완성한 후 게임을 즐겨요!

074 Chapter 11
학습만화

워드클라우드로 나를 소개해요

인공지능 워드클라우드를 완성해 보아요!

PPT 활용 나를 소개하는 포스터를 만들어요!

082 Chapter 12

깊은 바다 속을 멋지게 꾸며요

인공지능 오토드로우를 이용해 클립아트 형태의 그림을 그려요!

PPT 활용 여러 가지 그림으로 바닷속을 꾸며요!

인공지능과 PPT 마법사

088 Chapter 13

학습만화

어린이 의상디자이너가 되어볼까요?

인공지능 패턴편집기로 픽셀 도안을 그려 의상을 디자인해요!

PPT 활용 배경을 제거하여 캐릭터에게 옷을 입혀요!

---

096 Chapter 14

인공지능과 만들어보는 멋진 동물원

인공지능 이머스AI를 이용해 필요한 그림을 찾아보세요!

PPT 활용 여러 가지 그림을 활용해 동물원을 만들어요!

---

102 Chapter 15

학습만화

인공지능으로 바흐스타일 음악을 만들어요

인공지능 두들바흐와 함께 나만의 음악을 만들어요!

PPT 활용 작곡한 음악을 PPT에 넣고 정보를 입력해요!

---

110 Chapter 16

만화 캐릭터 작업과 하이퍼링크

인공지능 기가만화를 이용해 멋진 캐릭터를 그려요!

PPT 활용 그림에 표정을 완성한 다음 하이퍼링크를 적용해요!

---

116 Chapter 17

학습만화

인공지능, 내 그림을 알아맞혀 봐!

인공지능 퀵드로우로 그림 맞추기 게임을 해요!

PPT 활용 인공지능은 내 그림을 어떻게 인식했나요?

---

124 Chapter 18

아이콘 연상 퀴즈를 만들어요

인공지능 오토드로우를 이용해 필요한 아이콘을 그려요!

PPT 활용 아이콘 연상 퀴즈 게임을 완성해요!

---

130 Chapter 19

학습만화

다양한 포즈로 움직이는 마린맨

PPT 활용 나만의 마린맨쿠키를 만들어요!

인공지능 애니메이티드 드로잉으로 그림을 움직여요!

---

138 Chapter 20

인스타 포토카드를 꾸며요

인공지능 디자이니파이를 이용해 사진의 배경을 바꿔요!

PPT 활용 인스타 포토카드를 완성해요!

---

144 Chapter 21

학습만화

마린오브레전드 게임 캐릭터 생성

인공지능 드림웜보를 이용해 게임 캐릭터를 만들어요!

PPT 활용 마린오브레전드 캐릭터 프로필 화면을 완성해요!

---

152 Chapter 22

명화를 활용한 음악 플레이리스트

인공지능 드로우 투 아트를 이용해 멋진 그림을 완성해요!

PPT 활용 플레이리스트를 만들어 음악을 재생해요!

---

158 Chapter 23

학습만화

로고가 들어간 명함 만들기

인공지능 네임릭스를 이용해 로고를 만들어요!

PPT 활용 로고를 활용하여 명함을 완성해요!

---

166 Chapter 24

움직이는 크리스마스카드

인공지능 이머스AI를 이용해 움직이는 그림을 저장해요!

PPT 활용 움직이는 크리스마스카드를 만들어요!

인공지능, 해양 생물을 분류해줘

 학습 만화
인공지능에 대해 안내해 줄 친구들을 소개합니다.

 인공 지능
바다에 사는 생물을 구분할 수 있도록 인공지능을 학습시켜요.

 PPT 활용
인공지능 기초 수료증을 불러와 꾸며요.

 미리보기 >> 실습 및 완성파일 : [01강] 폴더

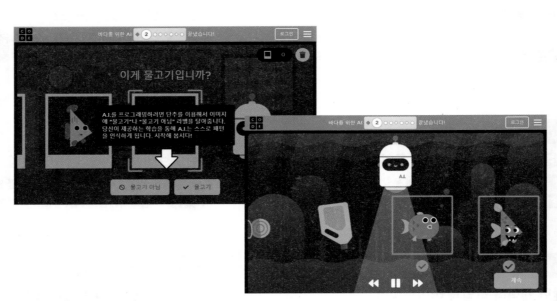

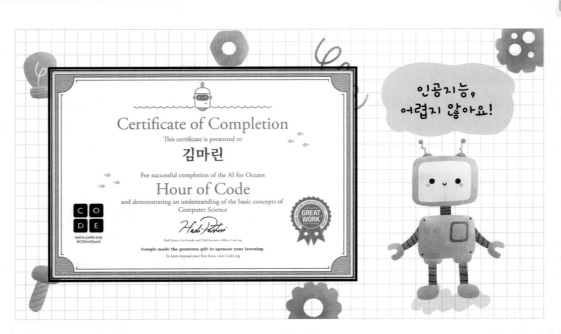

" 함께 공부할 친구들을 소개해요! "

박사님 모드 ver.

마린봇
인공지능과 인간의 능력을 모두 갖춘 고양이 로봇

귀여운 생김새의 마린봇은 인공지능 기술을 쉽고 재미있게 알려줄 친구예요.
평소에는 착하지만, 박사님 모드가 되었을 땐 진지하게 설명을 시작하니 집중해 주세요!

오초선
5초 먼저 태어난 쌍둥이 누나

인공지능 기술에 관심이 많은 똑똑한 여자 아이예요.
아는 것 만큼 궁금한 게 넘쳐나는 똑부러지는 모범생이랍니다.

오초휘
5초 늦게 태어난 쌍둥이 남동생

사실 5초 늦게 태어나 오초후가 될 뻔한 것은 비밀이에요!
누구에게나 장난을 치고 싶고 노는 것이 제일 좋은 남자아이로,
외모에 자신감이 철철 넘친답니다.

하이비
마린북스에서 개발 중인 2세대 인공지능 로봇

마린북스에서 최근 개발한 인공지능 로봇으로, 마린봇과는 완전히 다른 형태의 찐(?) 로봇이에요.
아직 개발 진행 중이라 인간과의 소통이 서툴러요.

AI for Oceans을 이용해 인공지능을 학습시켜요!

AI for Oceans은 게임을 통해 인공지능을 쉽게 이해할 수 있도록 구성되어 있어요. 지금부터 인공지능이 바다에 사는 생물들을 분류하도록 학습시켜 보겠습니다.

01 [01강] 폴더에서 [인공지능_AI for Oceans.txt] 파일을 열어 텍스트를 복사합니다.

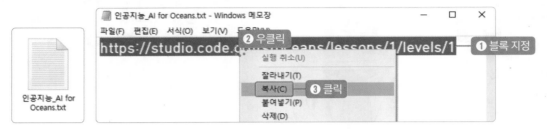

02 크롬 브라우저를 실행해 주소 입력 창에 붙여 넣은 후 [Enter]를 누릅니다.

03 다음과 같이 동영상이 나타나면 <계속하기>를 클릭하여 2단계로 넘어갑니다.

TIP 영어로 표시될 때는 이렇게 해요!

자동 번역이 제대로 실행되지 않아 아래 그림과 같이 영어로 표시된다면, AI for Oceans 페이지 왼쪽 하단에서 '한국어'를 선택해 주세요.

04 화면을 클릭하면서 미션을 읽어보고, 표시된 그림이 물고기인지 아닌지 분류해 봅니다. 40개 정도의 그림이 분류되면 <계속>을 클릭합니다.

TIP 이것은 어떤 활동인가요?

인공지능이 특정 그림을 보았을 때, 해양 생물(물고기)인지 아닌지 분류할 수 있도록 학습시키는 거예요. 우리가 많은 양의 그림 패턴을 알려준다면 더욱 똑똑한 인공지능을 만들 수 있겠죠?

05 <실행>을 클릭한 다음 <계속> 단추가 활성화되면 선택합니다.

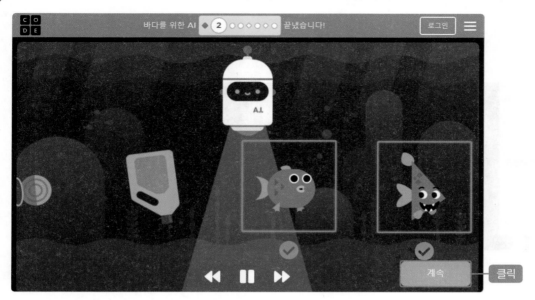

06 ✅를 누르면 '물고기', ⊘를 누르면 '물고기 아님'으로 분류된 그림을 확인할 수 있어요. <계속>을 눌러 다음 단계로 이동합니다.

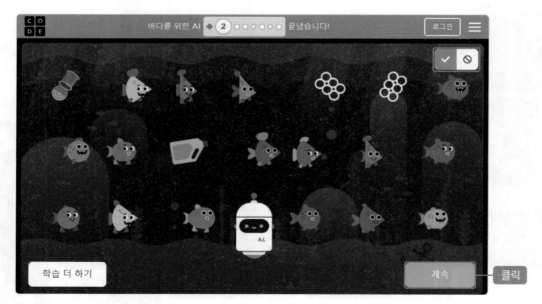

TIP **<학습 더 하기>는 무엇일까요?**

책에서는 40개의 그림을 '물고기' 또는 '물고기 아님'으로 분류했어요. 우리가 '많은 양의 데이터'를 '정확하게' 학습시켰을 때 인공지능 분류의 정확도가 함께 올라가게 되죠! <학습 더 하기>를 클릭하면 더 많은 그림을 분류할 수 있게 됩니다.

아래와 같이 단계별 분류를 통해 마지막 단계까지 인공지능을 학습시켜 보세요.

4단계	6단계	8단계
해양생물 분류	색상과 모양에 따른 분류	새로운 단어로 분류

TIP **3단계, 5단계, 7단계에서는 동영상이 나타날 거예요!**

중간에 나타나는 동영상은 하단의 <계속하기>를 눌러 다음 단계로 이동할 수 있어요.

08 분류 작업을 모두 끝내면 <마침>을 클릭합니다.

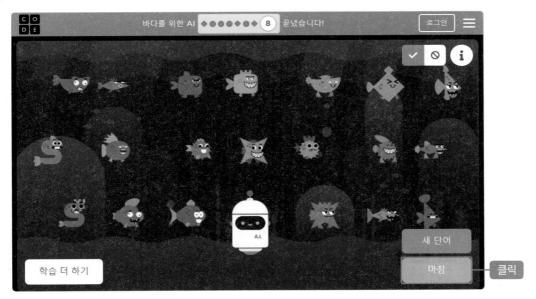

09 수료 증명서에 내 이름을 입력하고 <제출하기>를 클릭한 다음 [이미지 복사]를 합니다.

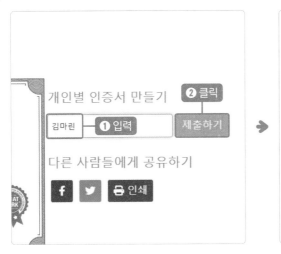

인공지능 수료증을 그림으로 불러와요!

내 이름으로 만들어진 인공지능 기초 수료증을 PPT 파일로 불러와 액자 형태로 바꿔보겠습니다. PPT 프로그램을 실행하여 [01_인공지능수료증] 파일을 열어주세요.

01 파일이 열리면 슬라이드 위에서 Ctrl + V 를 눌러 수료증 그림을 붙여넣습니다.

02 [그림 형식]-▽을 클릭해 원하는 그림 스타일을 적용해 보세요.

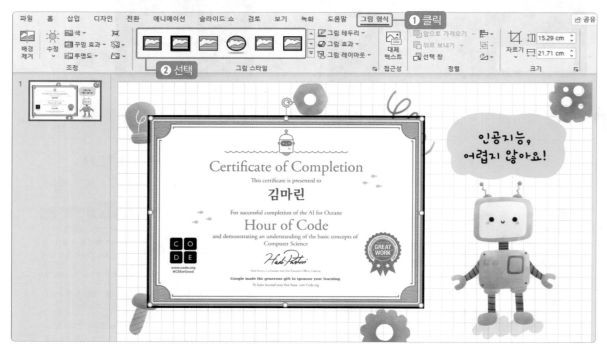

AI for Oceans 인공지능 사이트를 복습하면서 아래 OX 퀴즈를 풀어 보세요.

❶ 인공지능은 AI라고도 부를 수 있다.

O 또는 X

❷ 인공지능에게 최대한 많은 그림을 학습시키는 것이 좋다.

O 또는 X

❸ 해양 생물을 보호하기 위해서는 플라스틱 쓰레기를 줄여야 한다.

O 또는 X

정리하기

아래 단어와 뜻을 읽고 알맞게 연결해 보세요.

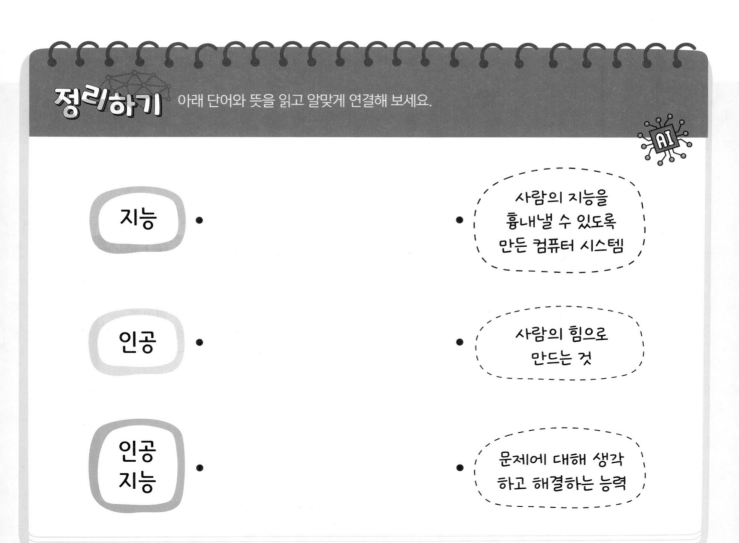

지능 •

인공 •

인공 지능 •

• 사람의 지능을 흉내낼 수 있도록 만든 컴퓨터 시스템

• 사람의 힘으로 만드는 것

• 문제에 대해 생각 하고 해결하는 능력

도전! 어린이 만화가

 인공지능 다양한 스타일로 캐릭터를 색칠해요.

 PPT 활용 말풍선을 넣어 간단한 만화를 완성해요.

 미리보기　　>> 실습 및 완성파일 : [02강] 폴더

STEP 01

페탈리카페인트로 캐릭터를 멋지게 색칠할 수 있어요!

페탈리카페인트는 만화 스타일로 채색을 해 주는 인공지능 도구입니다. 다양한 색상과 스타일을 활용해 원하는 분위기의 만화 캐릭터를 만들어 보세요.

01 크롬 브라우저를 통해 '페탈리카페인트'에 접속한 다음 <스케치 이미지 업로드>를 클릭합니다.

TIP 인공지능 사이트, 이렇게 접속해요!

❶ [02강] 폴더에서 [인공지능_페탈리카페인트.txt] 파일을 열어 텍스트를 복사해요.

❷ 크롬 브라우저를 열고 주소 입력 창에 붙여 넣은 후 Enter 를 눌러요.

02 마음에 드는 캐릭터 그림을 선택합니다.

03 만화 채색 스타일을 선택한 다음 원하는 색상을 골라 주세요.

04 색상을 적용하려는 부분을 드래그하여 자동으로 채색된 것을 확인합니다.

TIP **페탈리카페인트 이용 방법 더 알아보기!**

- ↩을 눌러 이전 단계로 돌아갈 수 있어요.
- 채색하려는 부분은 짧게 드래그 하는 것이 좋아요.
- 색상이 적용되지 않았다면 ✎색상화 를 클릭합니다.
- 만화 스타일은 언제든 다시 선택할 수 있어요.

05 캐릭터를 원하는 색으로 멋지게 색칠합니다. 완료되면 <다운로드>를 클릭해 주세요.

06 똑같은 방법으로 다른 캐릭터를 채색 후 <다운로드> 해보세요.

STEP 02

말풍선을 넣어 만화를 만들어요!

도형에 대사를 입력하여 만화 장면을 연출해 볼 거예요. PPT 프로그램을 실행하여 [02_만화가] 파일을 열어주세요.

01 [삽입]-[그림( )]을 클릭합니다.

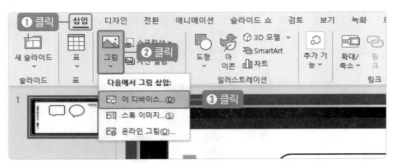

T!P 한쇼 프로그램 필독!

한쇼 프로그램에서는 아래와 같은 방법으로 [다운로드] 폴더를 찾을 수 있어요!

❶ [바탕 화면] 클릭 → [사용자 이름 폴더] 더블 클릭

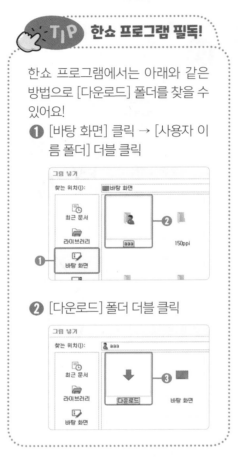

❷ [다운로드] 폴더 더블 클릭

02 [다운로드] 폴더를 찾아 캐릭터 그림을 삽입합니다.

03 말풍선을 맨 앞쪽으로 가져온 다음 대사를 입력하여 완성합니다. 노란색 조절점( )을 드래그하면 말풍선 모양을 변형할 수 있어요.

페탈리카페인트 인공지능 사이트에서 마린봇 캐릭터를 채색해 보세요.
마린봇 캐릭터 이미지는 [인공지능 플러스] 폴더 안에 있답니다.

정리하기

빈 칸에 들어갈 알맞은 단어를 적어보세요.

○ ○ ○ ○ 기술로

그림을 멋지게 색칠할 수 있어요!

인공지능으로 그리는
초상화

 똑똑한 인공지능 로봇을 만나요.

 옛날 스타일의 초상화를 완성해요.

 완성된 그림을 원본 사진과 비교해 보아요.

 미리보기 >> 실습 및 완성파일 : [03강] 폴더

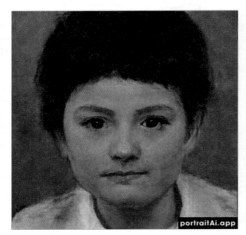

portraitAi.app

포트레이트AI로 옛날 느낌이 나는 초상화를 그려요!

포트레이트AI는 인물 사진을 18세기 초상화 그림처럼 만들어주는 인공지능 도구입니다.

01 크롬 브라우저를 통해 '포트레이트AI'에 접속합니다.

TIP 인공지능 사이트, 이렇게 접속해요!

❶ [03강] 폴더에서 [인공지능_포트레이트AI.txt] 파일을 열어 텍스트를 복사해요.

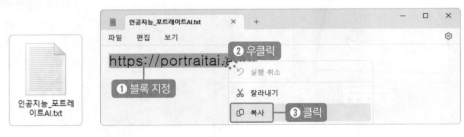

❷ 크롬 브라우저를 열고 주소 입력 창에 붙여 넣은 후 Enter 를 눌러요.

02 스크롤을 내려 업로드 단추를 클릭한 다음 [03강]-[원본사진]-원본1.jpg 이미지를 선택해 줍니다.

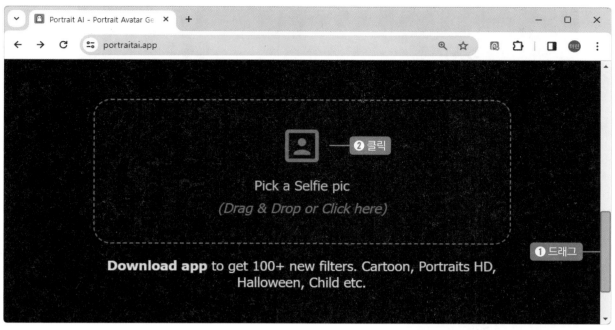

TIP **포트레이트AI 더 재미있게 즐겨요!**

인터넷을 이용해 내가 좋아하는 연예인의 사진이나 내 사진을 업로드하면 더 재미있는 결과물을 얻을 수 있답니다. 사진을 고르기 전 아래 두 가지 내용을 체크해 보세요!

❶ 안경, 모자, 마스크 등으로 얼굴을 가리지 않나요?
❷ 정면을 바라보는 사진이 맞나요?

03 결과 이미지가 표시되면 원하는 이미지를 바탕화면에 저장해 보세요.

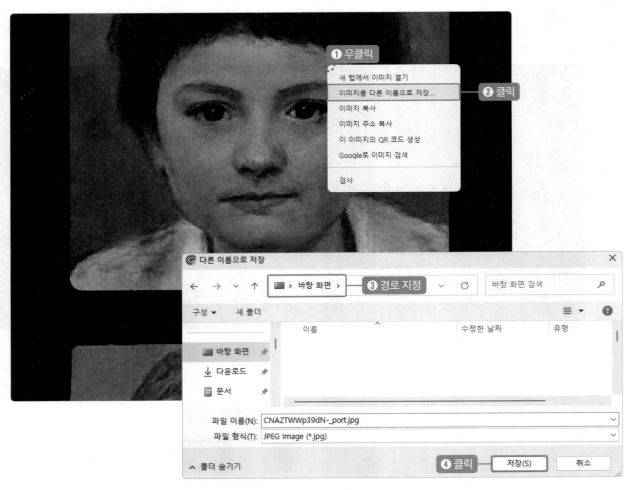

04 동일한 방법으로 나머지 그림을 모두 18세기 느낌의 초상화 그림으로 바꿔 저장해 보세요.

PPT에 저장된 이미지를 넣어보세요!

미리 준비된 PPT에 저장된 초상화 이미지를 넣어 원본 사진과 변경된 이미지를 비교해 보도록 하겠습니다.
PPT 프로그램을 실행하여 [03_옛날초상화] 파일을 열어주세요.

01 [삽입]-[그림(🖼)]을 클릭합니다.

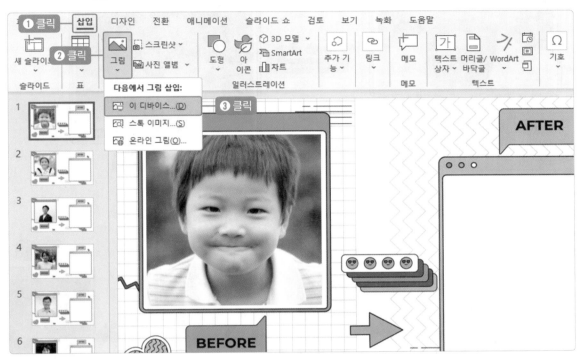

02 [바탕화면] 폴더에서 저장했던 초상화 이미지를 선택합니다.

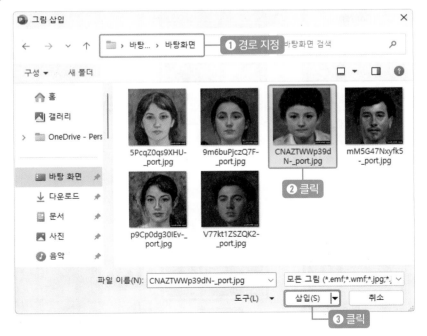

03 그림이 삽입되면 크기와 위치를 적당하게 조절해 줍니다. 방향키(⬆, ⬇, ⬅, ➡)를 눌러 그림의
위치를 미세하게 조절할 수 있어요!

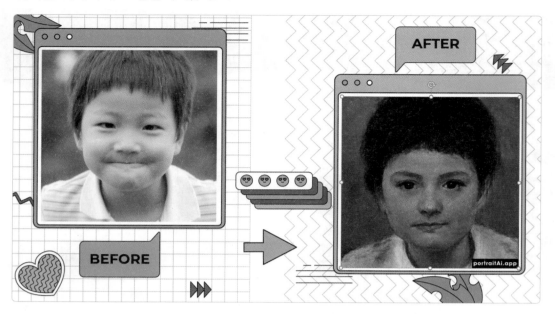

04 똑같은 방법으로 원본 사진과 알맞은 그림을 삽입하여 작품을 완성해 봅니다.

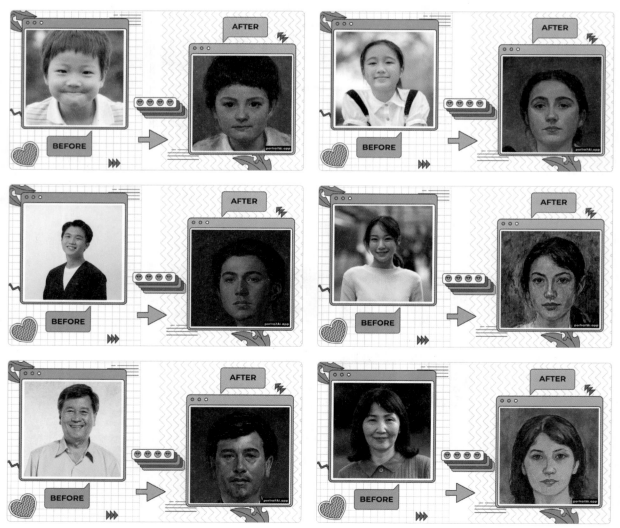

인공지능 플러스

포트레이트AI 인공지능 사이트를 이용해 다양한 표정의 이미지를 18세기 초상화 그림으로 바꿔 보세요. 이미지는 [인공지능 플러스] 폴더 안에 있어요.

 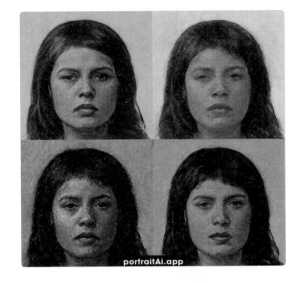

TIP 원하는 사진을 활용해 보세요!

인터넷에서 내가 좋아하는 연예인 사진을 다운로드 받아 활용해 보면 더 재미있겠죠?

정리하기 인공지능 기술로 쉽게 해결할 수 있는 일을 찾아 ○ 표시해 보세요.

기쁠 때 같이
웃어주고, 슬플 때는
울어줄 수 있어요.

전문가가 아니더라도
멋지게 그림을 그리고
색칠할 수 있어요.

상상력이 들어간
세상에 하나뿐인
그림을 그릴 수 있어요.

흑백 사진을
컬러로 바꿔요

 흑백 이미지에 자동으로 색을 입혀요.

 그림이 움직이면서 나타나 도록 만들어요.

 >> 실습 및 완성파일 : [04강] 폴더

STEP 01 인공지능

이미지컬러라이저로 흑백 사진을 컬러 사진으로 바꿀 수 있어요!

이미지컬러라이저는 간단한 방법으로 흑백 사진을 컬러 사진으로 바꿔주는 인공지능 도구입니다.

01 크롬 브라우저를 통해 '이미지컬러라이저'에 접속한 다음 Upload Image 를 클릭합니다. 이어서, [04강] 폴더에서 '흑백사진1' 그림을 선택합니다.

TIP 인공지능 사이트, 이렇게 접속해요!

❶ [04강] 폴더에서 [인공지능_이미지컬러라이저.txt] 파일을 열어 텍스트를 복사해요.

❷ 크롬 브라우저를 열고 주소 입력 창에 붙여 넣은 후 Enter 를 눌러요.

02  을 클릭한 후 **Download** 단추가 활성화되면 선택합니다. <Download>를 눌러 저장합니다.

03 똑같은 방법으로 [04강] 폴더에서 '흑백사진2~4' 그림을 컬러 사진으로 바꿔보세요.

PPT 활용

이번에는 저장된 컬러 이미지를 PPT로 불러와 애니메이션을 적용해 보도록 하겠습니다. PPT 프로그램을 실행하여 [04_컬러사진] 파일을 열어주세요.

01 [삽입]-[그림(🖾)]을 클릭한 다음 [다운로드] 폴더에서 그림을 선택합니다.

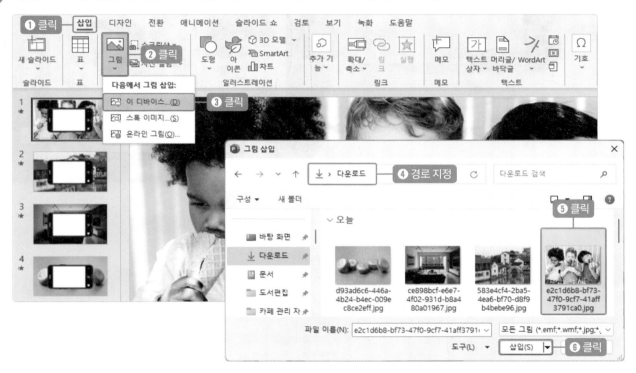

02 그림이 슬라이드에 삽입되면 크기와 위치를 조절합니다.

크기 및 위치 조절

03 Shift를 누른 채 스마트폰과 컬러 그림을 각각 선택한 후 Ctrl+G를 눌러 그룹으로 지정합니다.

04 [애니메이션]-▾을 클릭해 원하는 애니메이션을 적용합니다.

05 똑같은 방법으로 [슬라이드 2] ~ [슬라이드 4]를 작업해 작품을 완성해 보세요!

06 F5를 눌러 애니메이션이 적용된 작품을 감상할 수 있어요.

이미지컬러라이저 인공지능 사이트에서 흑백 그림에 색을 입혀 보세요.
그림은 [인공지능 플러스] 폴더 안에 있답니다.

정리하기

다음은 '인공지능'과 관련된 내용입니다. 보기 의 글자를 모두 이용하여 빈 칸을 채워 보세요.

보기 | 컴 | 각 | 퓨 | 스 | 로 | 술 | 생 | 만 | 터

			가		스		
		할	수	있	도	록	
	드	는	기				

로봇 캐릭터 이름표를 디자인해요

 학습 만화 생활 속에서 인공지능 기술을 찾아보아요.

 인공 지능 그림의 배경을 빠르게 제거해요.

 PPT 활용 로봇 캐릭터가 들어간 귀여운 이름표를 만들어요.

 미리보기 ▶▶ **실습 및 완성파일 : [05강] 폴더**

 인공 지능

 PPT 활용

뭐어!!!?
그럼 삼촌이
인공지능을
만든다고?!

그거
나 하나만
주면 안돼?

솔깃

인공지능을 하나만
달라고 하는 게
그게 무슨 말이지?

?

마린봇
너 같은 로봇을
갖고 싶단 뜻 아닐까?

귀엽겠다....

인공지능이 꼭 로봇 모습을
하고 있는 건 아니야!
생활 속에서 다양한 형태의
인공지능을 만날 수 있어!

주변을 살펴봐~

우리 생활에서도
만날 수 있다고?!

띠용

로봇
냄비....?

인공지능 화분....?

다들
로봇청소기
본 적 있지?

끄덕 끄덕

응!!

로봇 청소기는
센서를 통해 장애물이나
계단 같은 위험한 환경을
인식하는 인공지능 기술이
들어가 있어.

인공지능으로
안전한 환경을 학습한 후
주변을 깨끗하게
청소하는 거구나?

아하!

맞아,
정확하게 맞췄어!

우와~
정말 우리 주변에도
인공지능이 많이
존재하는구나....

찡긋

따봉~

우리 주변의 인공지능에는
또 어떤 것들이 있는지 생각해 볼까요?

STEP 01

리무브비지로 그림의 배경을 빠르게 제거할 수 있어요!

리무브비지는 이미지의 배경을 투명하게 바꿀 수 있는 유용한 인공지능 도구예요.

01 크롬 브라우저를 통해 '리무브비지'에 접속한 다음 <이미지 업로드>를 클릭합니다.

🖐 TIP 인공지능 사이트, 이렇게 접속해요!

❶ [05강] 폴더에서 [인공지능_리무브비지.txt] 파일을 열어 텍스트를 복사해요.

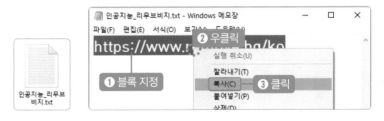

❷ 크롬 브라우저를 열고 주소 입력 창에 붙여 넣은 후 Enter 를 눌러요.

02 [05강] 폴더에서 원하는 로봇 캐릭터 그림을 선택합니다.

03 배경이 제거된 그림을 확인한 후 <다운로드>를 눌러 저장합니다.

04 똑같은 방법으로 3개의 로봇캐릭터 그림의 배경을 투명하게 만들어 저장해 주세요. 모두 4개의 캐릭터가 필요하답니다.

로봇 캐릭터를 활용해 이름표를 만들어요!

워드아트를 넣어 이름표의 내용을 입력한 다음 로봇 캐릭터 이미지를 삽입해 이름표를 완성할 거예요. PPT 프로그램을 실행하여 [05_이름표] 파일을 열어주세요.

01 [삽입]-[WordArt(⚡)]를 클릭해 원하는 글자 모양을 선택합니다.

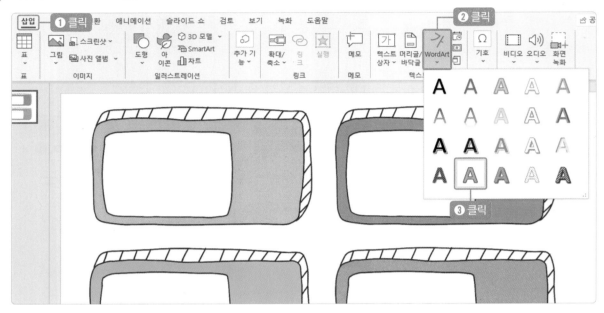

02 글자가 삽입되면 아래 순서와 같이 이름표 정보를 입력합니다.

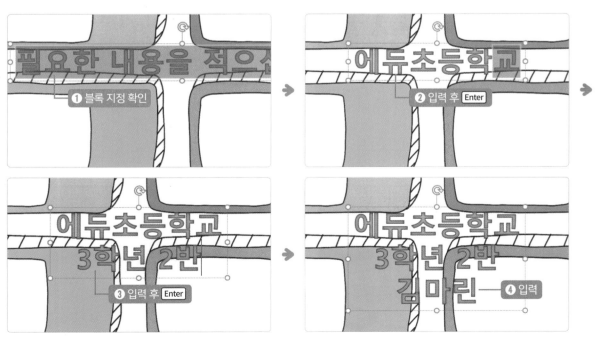

03 [홈] 탭에서 원하는 글꼴을 선택하고, 글자 크기를 적당하게 변경합니다.

04 워드아트의 테두리를 드래그 해 아래 그림처럼 위치를 변경합니다.

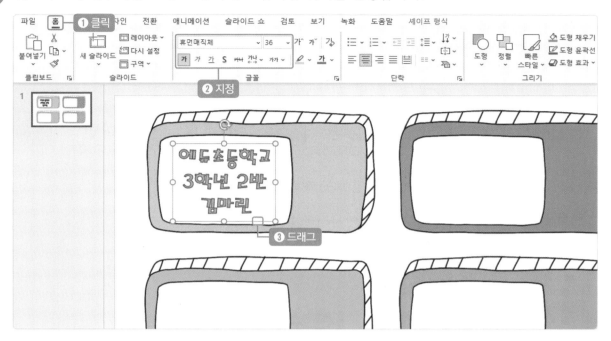

05 똑같은 방법으로 나머지 3개의 이름표 내용을 자유롭게 입력해 보세요.

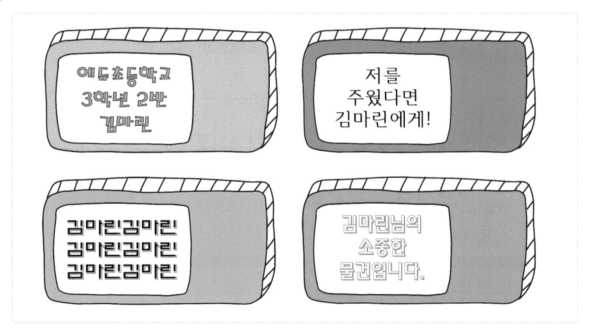

06 [삽입]-[그림(🖼)]을 클릭합니다.

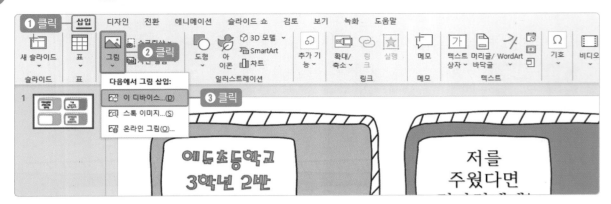

07 [다운로드] 폴더를 찾아 배경이 제거된 로봇 캐릭터를 삽입합니다.

08 그림이 삽입되면 적당한 위치에 배치해 작품을 완성합니다.

리무브비지 인공지능 사이트에서 그림의 배경을 제거해 보세요. 그림은 [인공지능 플러스] 폴더 안에 있답니다.

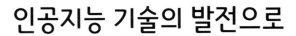

정리하기 빈 칸에 들어갈 알맞은 단어를 적어보세요.

인공지능 기술의 발전으로

ㅅ   ㅎ   이 편리해졌어요!

번역기로 퀴즈 정답을 찾아요

인공지능 다양한 나라의 언어를 우리 나라 말로 번역해요.

PPT 활용 번역된 내용을 확인한 후 정답 이미지를 배치해요.

미리보기

>> 실습 및 완성파일 : [06강] 폴더

 인공지능

영어 감지 ∨

I have a nice shell on my back and a habit of hiding my torso in it.

아이 해브 어 나이스 셸 안 마이 백 언드 어 해벗 어브 하이딩 마이 토어소우 인 잇.

69 / 3000

번역하기

한국어 ∨   높임말

등에 등껍질이 좋고 몸통을 숨기는 습관이 있습니다.

번역 수정   번역 평가

 PPT 활용

1. 나는 누구일까요?

I have a nice shell on my back and a habit of hiding my torso in it.

STEP 01

파파고번역기를 이용해 다른 나라의 언어를 우리나라 말로 바꿔요!

파파고는 네이버에서 개발한 인공지능 번역기로, 많은 양의 내용도 비교적 빠르고 정확하게 번역할 수 있답니다!

01 크롬 브라우저를 통해 '파파고번역기'에 접속합니다.

02 [06강] 폴더에서 [번역내용.txt] 파일을 실행한 다음 텍스트를 복사합니다.

03 '번역할 내용을 입력하세요.'를 클릭하여 Ctrl + V 를 누릅니다.

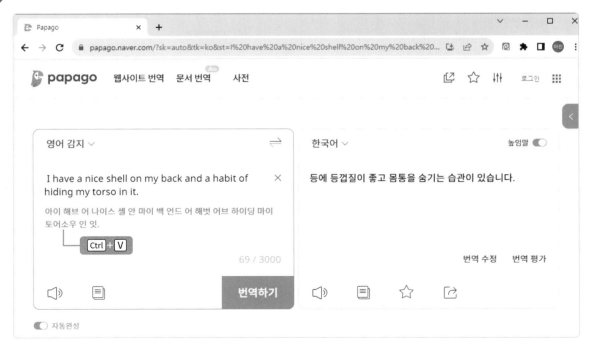

04 번역된 '[슬라이드 1] 힌트'의 언어와 내용을 아래 칸에 적어보도록 합니다.

언어	번역 내용
영어	

05 자, 이번에는 [슬라이드 2] 힌트 내용을 번역해 보겠습니다. [번역내용.txt] 파일을 다시 활성화한 다음 텍스트를 복사합니다.

06 '파파고번역기'에서 이전 번역 내용을 삭제합니다.

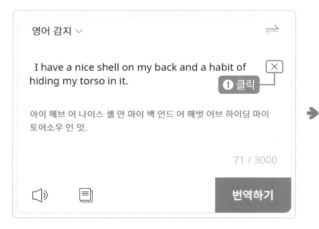

044

07 '번역할 내용을 입력하세요.'를 클릭하여 [Ctrl]+[V]를 눌러 붙여넣은 후 '한국어'를 선택합니다.

08 번역된 '[슬라이드 2] 힌트'의 언어와 내용을 아래 칸에 적어보도록 합니다.

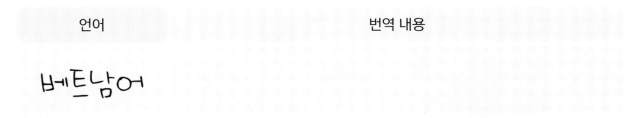

언어	번역 내용
베트남어	

09 배운 내용과 똑같은 방법으로 [슬라이드 3]과 [슬라이드 4]의 언어와 번역 내용을 적어보세요.

[슬라이드 3]

언어	번역 내용

[슬라이드 4]

언어	번역 내용

필요한 그림을 찾아 간편하게 복사해요!

인공지능이 번역해준 힌트를 활용해 퀴즈의 정답을 찾아보도록 하겠습니다. PPT 프로그램을 실행하여 [06_나는누구일까요] 파일을 열어주세요.

01 044페이지의 ③ 힌트를 참고하여 [슬라이드 1] 퀴즈의 정답이 '달팽이'라는 것을 확인할 수 있어요.

02 Ctrl 을 누른 채 달팽이 그림을 액자 부분으로 드래그합니다. 그림이 복사되면 크기와 위치를 조절합니다.

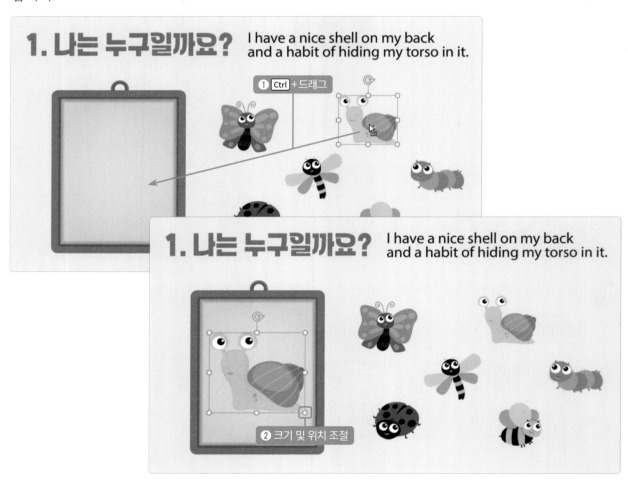

03 똑같은 방법으로 나머지 슬라이드의 정답 그림을 찾아 복사해 보세요.

파파고 인공지능 사이트를 활용해 알맞은 영어 이름을 찾아 연결해 보세요.
'초밥'을 입력해 영어로 번역한다면 쉽게 정답을 찾을 수 있겠죠?

Bomb **Scissors** **Sushi** **fan** **Elephant**

정리하기

주변의 다양한 인공지능 기술은 우리 생활을 편리하게 만들어 줍니다. 나에게 필요한
인공지능 기술 또는 인공지능 로봇을 생각하여 적어보고 발표해 보세요.

합성사진 앨범을 만들어요

학습만화 더욱 다양한 인공지능 기술을 알아보아요.

인공지능 여러 가지 형태로 그림을 합성해요.

PPT활용 멋진 사진 앨범을 완성해요.

미리보기   **>>** 실습 및 완성파일 : [07강] 폴더

인공지능

PPT활용

포토퍼니아로 재미있는 사진 합성 놀이를 해요!

포토퍼니아는 인공지능 기술을 기반으로 사진 합성이 가능한 서비스입니다. 합성 효과는 600개 이상 준비되어 있어 다양한 형태의 결과물을 만들 수 있어요.

01 크롬 브라우저를 통해 '포토퍼니아'에 접속한 다음 페이지 맨 아래쪽에서 `All languages` – '한국어'를 클릭합니다.

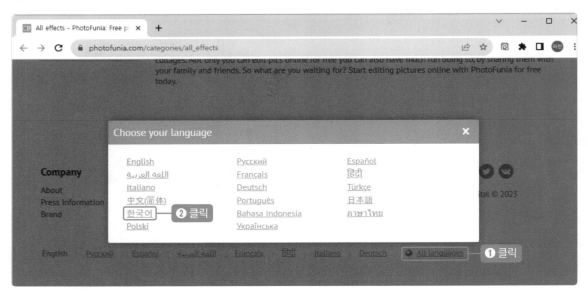

02 한국어로 페이지가 표시되면 [TV]-기자 회견을 선택합니다.

03 사진 선택 을 눌러 새 창이 열리면 PC에서 업로드 를 클릭합니다.

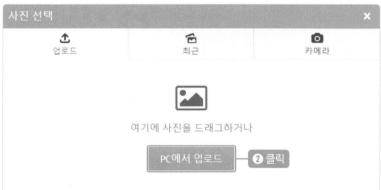

04 [07강] 폴더에서 원하는 동물 사진을 선택한 다음 <열기>를 클릭합니다.

05 선택된 영역을 확인한 다음 자르기 를 클릭합니다. 사진 모서리 부분의 조절점(▪)을 드래그하면 필요한 영역만 선택할 수 있어요.

06 동물 사진이 선택된 것을 확인한 후 이동 을 클릭합니다. 다운로드 를 눌러 합성된 이미지를 저장합니다.

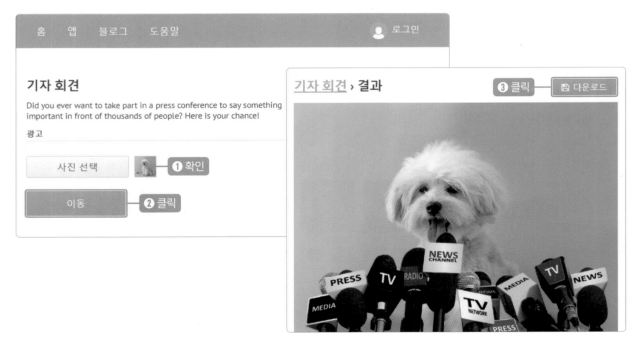

07 똑같은 방법으로 3개의 사진을 다양하게 합성해 봅니다.

도형 안에 합성한 사진을 넣어 앨범을 완성해요!

인공지능으로 합성한 사진을 PPT 도형 안에 삽입하여 재미있는 합성사진 앨범을 만들어 볼 거예요. PPT 프로그램을 실행하여 [07_사진합성] 파일을 열어주세요.

01 슬라이드에 삽입된 도형을 선택한 다음 [셰이프 형식]-[도형 채우기]에서 [그림]을 클릭합니다.

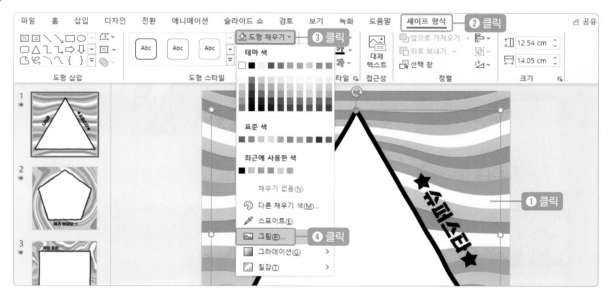

02 [다운로드] 폴더를 찾아 합성된 그림을 삽입합니다.

03 도형이 선택된 상태에서 [셰이프 형식]-[도형 윤곽선]-[스포이트]를 클릭합니다.

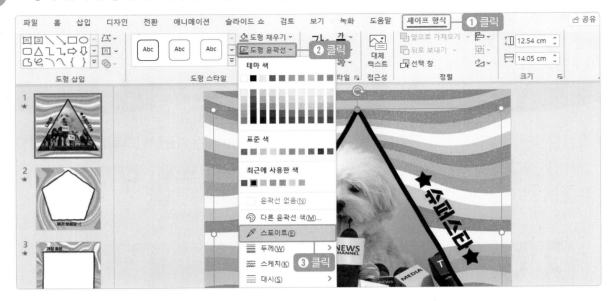

04 마우스 포인터가 🖋 모양으로 바뀌면 배경 무늬에서 원하는 색을 선택합니다.

05 똑같은 방법으로 나머지 슬라이드 도형에 합성된 사진을 넣어보고, 윤곽선의 색상도 변경해 보세요.

포토퍼니아 인공지능 사이트에서 [크리스마스]-스노 글로브 효과를 선택하여 그림을 합성해 보세요. 그림은 [인공지능 플러스] 폴더 안에서 찾을 수 있어요.

▷

정리하기

인공지능 기술과 관련이 없는 내용을 찾아 ○ 표시해 보세요.

| 글자가 잘 보이지 않아서 안경을 썼더니 편리해요. | 리모컨이 없더라도 인공지능을 이용하면 TV를 켜고 끌 수 있어요. | 유튜브는 내가 좋아하는 주제의 동영상을 계속 추천해줘요. |

멋진 발표 자료를 완성해요

 인공지능 데칼코마니 그림 기법을 이용해 멋진 그림을 그려요.

 PPT활용 인공지능과 관련된 발표 자료를 만들어요.

미리보기 >> **실습 및 완성파일** : [08강] 폴더

 인공지능

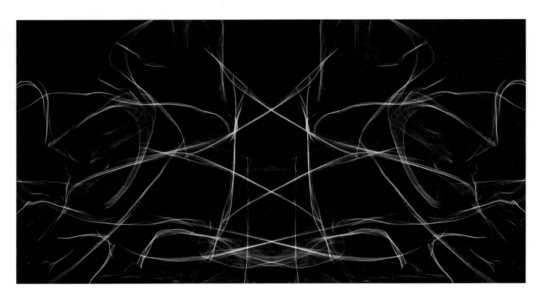

 PPT활용

웨이브실크를 이용해 데칼코마니 그림을 그려요!

데칼코마니는 왼쪽과 오른쪽을 똑같이 대칭하여 그리는 기법입니다. 드래그하는 대로 새로운 패턴을 데칼코마니 형태로 만들어주는 '웨이브실크'를 체험해 보도록 할게요!

01 크롬 브라우저를 통해 '웨이브실크'에 접속한 후 화면을 클릭해 작업 캔버스로 이동합니다.

TIP 웨이브실크 화면을 살펴보아요!

❶ : 전체 화면으로 볼 수 있어요.

❷ : 작업된 결과물을 저장할 수 있어요.

❸ : 그리기 옵션을 설정할 수 있어요.

❹ : 이전 단계로 되돌릴 수 있어요.

❺ 원하는 색상을 선택해요. 드래그하여 두 가지 혼합된 색을 만들 수도 있어요.

❻ 바를 이동해 회전 기준 점을 추가할 수 있어요.

❼ 대칭 기능을 켜고 끌 수 있어요.

❽ 화면의 중앙이 중심이 되도록 상태를 변경할 수 있어요.

02 그리기 옵션을 바꿔가면서 화면을 드래그하여 멋진 그림을 그려봅니다.

03 작업이 완료되면 📷를 눌러 사진을 찍어보세요. 왼쪽에 그림이 작게 표시되면 [이미지를 다른 이름으로 저장]합니다.

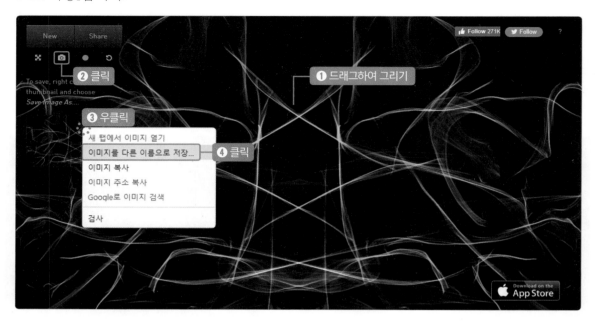

04 [바탕 화면]으로 경로를 지정한 다음 <저장>합니다.

05 똑같은 방법으로 데칼코마니 작품을 2개 더 만들어 저장합니다.

STEP 02
데칼코마니 작품을 슬라이드 배경으로 적용해요!

슬라이드 배경으로 작품을 삽입하여 인공지능과 관련된 발표 자료를 완성해 보도록 하겠습니다. PPT 프로그램을
실행하여 [08_발표자료] 파일을 열어주세요.

01 첫 번째 슬라이드의 빈 곳 위에서 마우스 오른쪽 버튼을 눌러 [배경 서식]을 클릭합니다.

02 '그림 또는 질감 채우기' 기능을 이용해 [바탕 화면]에서 저장한 그림을 선택합니다.

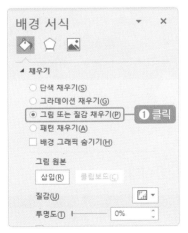

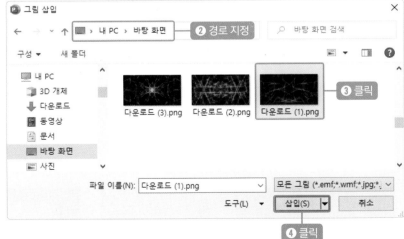

03 제목이 입력된 텍스트 상자 위에서 마우스 오른쪽 버튼을 눌러 [도형 서식]을 클릭합니다.

04 투명도를 '25'정도로 지정하여 텍스트 상자가 투명해진 것을 확인합니다.

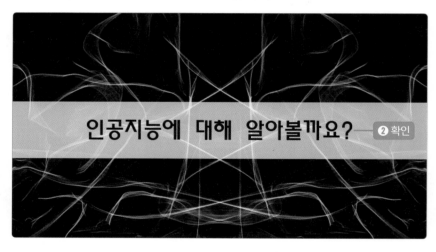

05 똑같은 방법으로 나머지 슬라이드도 꾸며보세요.

06 [슬라이드 3] 주변에 배치된 이미지를 드래그하여 발표 자료를 완성합니다.

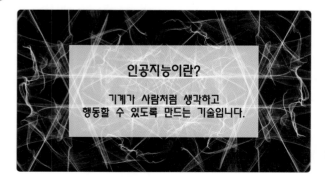

웨이브실크 사이트에서 그리기 옵션을 아래와 같이 지정한 다음 색을 바꿔가면서 멋진 꽃문양을 그려보세요.

정리하기 내가 경험해 본 인공지능 기술에 ○ 표시해본 후 친구들과 이야기 해 보세요.

자율 주행
자동차

인공지능
로봇 청소기

인공지능
스피커

하이 빅스비
오늘 날씨 어때?

대화형
인공지능

재미있는 n행시집을 완성해요

학습 만화 인공지능 로봇과 대화를 해보아요.

인공 지능 주어진 단어로 n행시를 만들어 보세요.

PPT 활용 완성된 n행시를 활용해 멋진 시집을 만들어요.

미리보기 　　　>> 실습 및 완성파일 : [09강] 폴더

인공지능

물론이죠! '인공'으로 2행시를 지어볼게요.

인류의 지혜로 창조한 기술, **공상** 속 꿈이 현실이 되다.

민감한 정보를 공유하지 마세요. 채팅을 검토하고 모델을 훈련하는 데

메시지 ChatGPT

ChatGPT는 실수를 할 수 있습니다. 중요한 정

물론입니다! 다른 내용으로 해볼게요.

인류의 손길로 빚어낸 창조, **공간**을 넘어서 미래를 열다.

다른 내용으로 다시 만들어줘

ChatGPT는 실수를 할 수 있습니다. 중요한 정

PPT 활용

챗GPT와 함께 n행시를 만들어요!

챗GPT는 대화형 인공지능을 체험할 수 있는 대표적인 도구 중 하나예요. 오늘은 챗GPT와 함께 주어진 단어를 문장의 첫 글자로 놓아 이야기를 만드는 n행시 놀이를 해보겠습니다.

01 크롬 브라우저를 통해 '챗GPT'에 접속한 다음 아래와 같이 검색해 보세요.

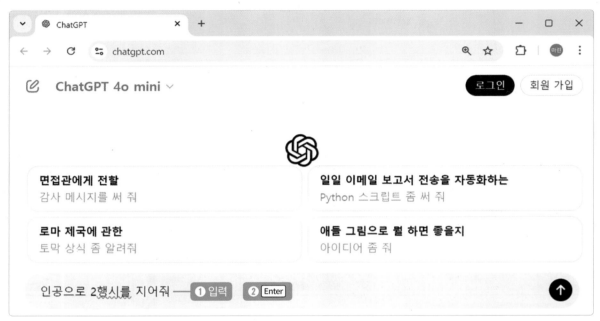

02 '인공'이라는 단어로 만들어진 2행시를 확인합니다.

03 원하는 내용이 나오지 않았다면 다시 명령을 입력해 결과를 확인해 보세요.

TIP 인공지능과 대화해요!

만약 원하는 내용이 나오지 않았다면, 간결한 문장으로 다시 명령해 원하는 방향의 결과물을 얻을 수 있어요.

04 동일한 방법으로 여러 번 2행시를 만들어보고, 가장 마음에 드는 문구를 복사해요.

복사한 2행시를 PPT로 불러와 시집을 만들어요!

인공지능이 만들어준 n행시를 모아 시집을 완성해 보겠습니다. PPT 프로그램을 실행하여 [09_N행시집] 파일을 열어주세요.

01 파일이 열리면 [슬라이드 2]를 클릭한 다음 Ctrl+V를 눌러 내용을 붙여넣고 편집해 주세요.

02 [전환]-▽을 클릭해 원하는 슬라이드 전환 효과를 선택합니다.

03 [슬라이드 3] ~ [슬라이드 6]도 주어진 제시어를 이용해 똑같은 방법으로 작업합니다.

04 [슬라이드 1] 도형에 내 이름을 입력하여 n행시집을 완성합니다.

아래 키워드 중 좋아하는 단어 4개를 골라 챗GPT 인공지능 사이트에서 짧은 글을 만들어보세요.

축구	초등학생	컴퓨터	햄버거	고양이
비타민	캐릭터	달력	신호등	공연

TIP 챗GPT에게 이렇게 명령할 수 있어요!

'축구, 햄버거, 고양이, 비타민으로 짧은 글을 지어줘.' 등의 문장을 입력해 인공지능에게 명령할 수 있습니다. 똑같은 명령에도 챗GPT는 다른 답을 보여줄 거예요.

정리하기 인공지능과 인간의 대화에 관련된 내용입니다. 보기 의 글자를 모두 이용하여 문장을 완성해 보세요.

보기   대   많   람   화   아   발   해   사   요

		과	인	공	지	능	의
		는		직	도		은
	전	이	필	요			.

틀린 그림 찾기 게임을 해요

인공지능 그림의 특정 부분을 자연스럽게 지워보세요.

PPT 활용 그림의 원본과 비교하여 틀린 그림 찾기 게임을 만들어요.

>> **실습 및 완성파일** : [10강] 폴더

클린업픽쳐스로 그림을 수정해요!

클린업픽쳐스는 그림의 일부분을 자연스럽게 지워주는 인공지능 도구예요.

01 크롬 브라우저를 통해 '클린업픽쳐스'에 접속하여 그림 업로드 단추를 선택합니다.

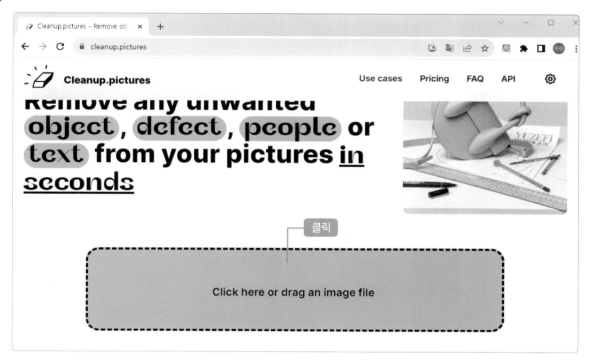

02 [10강] 폴더에서 '그림1'을 선택합니다.

03 무료 버전 이용을 위해 <Continue with SD>를 눌러 그림을 작은 크기로 변경합니다.

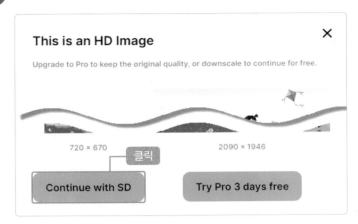

04 그림이 표시되면 마우스 휠을 굴려서 작업하기 편하도록 화면을 확대합니다.

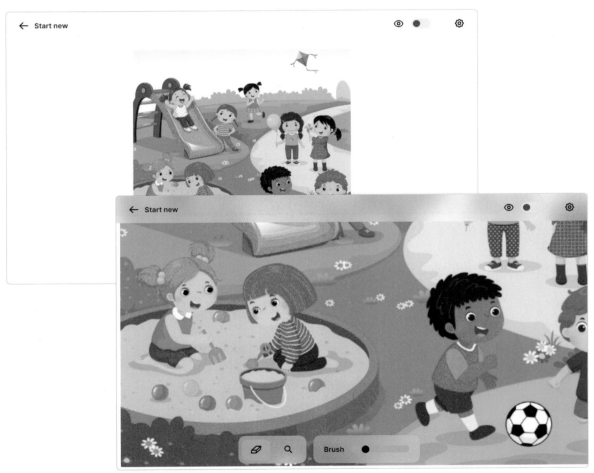

TIP 확대한 부분의 주변이 보이지 않아요!

[Space Bar]를 누른 상태에서 마우스 포인터가 🖐모양으로 변경되었을 때 화면을 드래그하면 다른 위치로 시점을 이동시킬 수 있습니다.

05 지우려는 곳을 드래그한 다음 결과를 확인해 봅니다.

❶ 드래그

❷ 확인

06 틀린 곳 4군데를 더 만들어 본 다음 <다운로드> 단추를 클릭합니다.

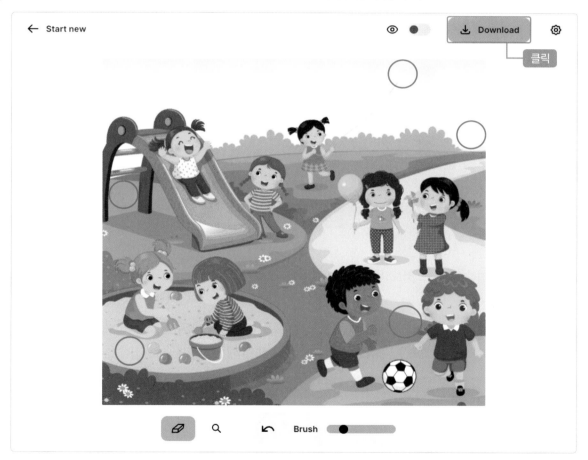

클릭

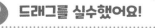

드래그를 실수했어요!

잘못 드래그한 경우에는 Ctrl + Z 를 눌러 바로 전 단계로 돌아갈 수 있답니다.

틀린 그림 찾기를 완성한 후 게임을 즐겨요!

틀린 그림 찾기 게임을 만들기 위해 PPT 프로그램을 실행하여 [10_틀린그림찾기] 파일을 열어주세요.

01 파일이 열리면 [슬라이드 2]를 선택해 주세요.

02 [삽입]-[그림(🖼)]을 클릭한 다음 [다운로드] 폴더에서 해당 그림을 삽입합니다.

03 '그림2'를 이용해 [슬라이드 3]도 똑같이 작업합니다.

04 F5 를 눌러 슬라이드 쇼가 실행되면 마우스 오른쪽 버튼을 눌러 [포인터 옵션]-[펜]을 선택합니다.
Enter 를 눌러 다음 슬라이드가 나타나면 틀린 곳을 체크해 보세요.

TIP 슬라이드가 지나가요!

게임 진행을 위해 그림이 있는 슬라이드는 10초 후 다음 슬라이드로 넘어가도록 지정해 놓았어요!

클린업픽쳐스 인공지능 사이트를 이용해 방을 깨끗하게 청소해 보세요.
그림은 [인공지능 플러스] 폴더 안에 있답니다.

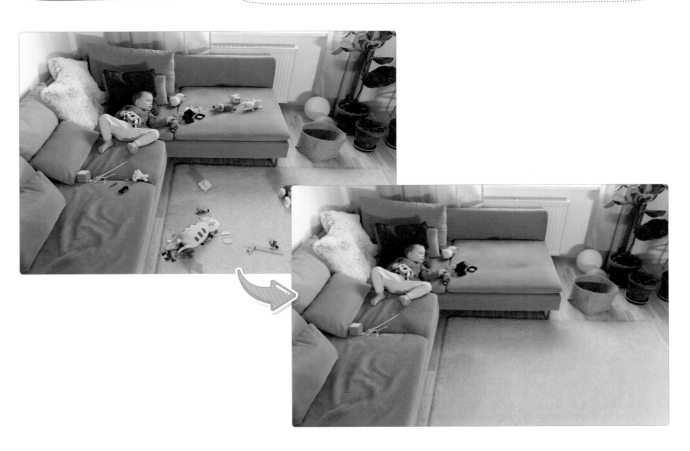

정리하기

빈 칸에 들어갈 알맞은 단어를 적어보세요.

AI

사진합성

그리기

색칠하기

ㅇ ㅁ ㅈ 와 관련된 인공지능

기술이 빠르게 발달하고 있어요!

워드클라우드로
나를 소개해요

학습만화 데이터에 대해 알아보아요.

인공지능 여러 가지 키워드로 워드클라우드를 완성해요.

PPT활용 나를 홍보하는 포스터를 만들어요.

 **미리보기** >> 실습 및 완성파일 : [11강] 폴더

 인공지능

자기소개 나 장점 강점 단점 홍보 파악 효과적 표현 중요
궁금증 유발 진솔 자연스러움 모습 자신감 발표 첫인상 결정 신중
준비 학생 대한민국 어린이 이야기 자신 친구 직업 장래희망 꿈
나의 우리 한국 IT 미래 공부 학업 출석 수업 선생님
시험 성적 놀이터 달리기 체육대회 시합 경연 상장 운동화 교문
학원 유튜브 컴퓨터 인터넷 SNS TV 먹방 마인크래프트 간식 노트
프로필 소개서 내소개 이름 나이 학교 성별 혈액형 MBTI 인공지능
흥미 좋아함 싫어함 취미 특기 건강 게임 음식 연예인 유행
놀이 사랑 가족 안전 행복 배움 성장 도전 스마트폰 학습
평화 공존 공평 평등 빛 웃음 재미 우정 배려 공손
치킨 피자 족발 초밥 산책 유튜브보기 장원영 BTS 도라에몽
게임하기 초록색 갈색머리 동그란안경

 PPT활용

자 오늘은~ 요리를 하면서 '데이터'에 대해 알아보아요!

난 초코쿠키 만들래!!!

와아~

짝짝짝

밀가루

초코분말

좋아요~!!!

주변에 있는 도구와 레시피를 사용하여 맛있게 만들어 보세요~!

신난다!

1. 말랑한 버터에 설탕을 많~이 넣고 섞는다.
2. 달걀을 조금 넣고 섞는다.
3. 밀가루, 소금, 코코아가루를 적당량 넣고 섞는다.
4. 반죽이 완성되면 뜨거운 오븐에서 일정 시간 구워준다.

말랑한 버터에.. 설탕을 많이...

얼마나 넣으라는 거야?

와르르

재료를 아끼지 말고 넣자!!

바삭한 식감을 위해 오래오래 구워보자!

이제 굽자~

푸쉬쉭...

쿠키가 망한 이유는 레시피에 정확한 숫자 데이터가 없었기 때문이야.

숫자 데이터만 있었다면 맛있는 쿠키가 됐을텐데...

으악!!!!

내 쿠키...ㅠㅠ

버터 30g
달걀 1개
밀가루 50g
...

인공지능에게도 숫자와 같은 데이터를 정확하게 알려줘야 학습이 가능해!

후훗!

데이터고 뭐고 아 몰라ㅠㅠ 내 쿠키 돌려내!!!!

ㅋㅋㅋ 자, 여기 데이터 쿠키야~ 받아!

쉬익

에휴~~

먹음직~

황

홀3

숫자와 글자 외에도 다양한 데이터가 존재하고 있어요.

그건 다음에 더 알아보도록 해요!

워드클라우드를 완성해 보아요!

워드클라우드는 여러 가지 문자 데이터를 분석한 후 중요한 단어를 크기와 색상으로 표현하는 그래픽 작품입니다.

01 크롬 브라우저를 통해 '워드클라우드'에 접속합니다.

02 [11강] 폴더에서 [단어 100개.txt] 파일을 열어 텍스트를 복사합니다.

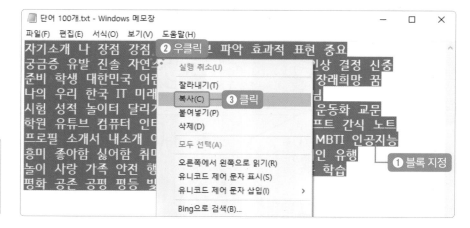

03 텍스트 입력 칸에 복사한 단어들을 [붙여넣기] 합니다. Ctrl + V 를 눌러도 결과는 동일해요!

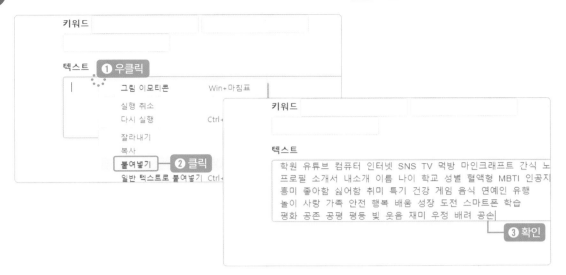

키워드

텍스트

①우클릭		
그림 이모티콘	Win + 마침표	
실행 취소		
다시 실행	Ctrl+	
잘라내기		
복사		
붙여넣기	**②클릭**	
일반 텍스트로 붙여넣기	Ctrl+	

키워드

텍스트

학원 유튜브 컴퓨터 인터넷 SNS TV 먹방 마인크래프트 간식 노
프로필 소개서 내소개 이름 나이 학교 성별 혈액형 MBTI 인공지
흥미 좋아함 싫어함 취미 특기 건강 게임 음식 연예인 유행
놀이 사랑 가족 안전 행복 배움 성장 도전 스마트폰 학습
평화 공존 공평 평등 빛 웃음 재미 우정 배려 공손

③확인

TIP 메모장에 입력된 단어들은 무엇일까요?

워드클라우드 작품을 빠르게 만들기 위해서 '자기소개'와 관련된 단어 100개를 미리 제공했습니다. 겹치지 않는 단어가 많이 들어갈수록 오밀조밀한 모양의 결과물을 얻을 수 있답니다!

---

04 키워드에 내 이름과 나를 나타낼 수 있는 단어 2개를 더 입력합니다.

05 마스크 모양을 선택하고 단어수를 '1000개'로 변경한 다음 <워드클라우드 만들기>를 클릭합니다.

글자색 rainbow ∨   폰트 나눔고딕 ∨   폰트미리보기

배경색 ☐ ■ ■ ■ ■ ■ ■   **②클릭**

마스크 ♥ ★ ● ◆ → ✈ 📷 ⬭ ✓
🕐 ⚡ ✖ 💧 👤 📊 👻 ✚ ☁ 🔪 🍃
🤸 🚶 🐊 🐬 🏃 1 2 3 4 5
6 7 8 9 0 10

크기 직접입력 ∨   500px ∨ x 500px ∨

단어수 1000개 ∨   **③지정**

키워드 김마린   귀여움   **①입력**
발랄함

텍스트
먹방 유튜브 컴퓨터 인터넷 SNS TV 먹방 마인크래프트 간식 노놀
프로필 소개서 내소개 이름 나이 학교 성별 혈액형 MBTI 인공지능
흥미 좋아함 싫어함 취미 특기 건강 게임 음식 연예인 유행
놀이 사랑 가족 안전 행복 배움 성장 도전 스마트폰 학습

✿ 워드클라우드 만들기   **④클릭**

⊙ 다운로드   📁 갤러리공개

키워드 입력 칸에는 어떤 단어를 적을까요?

워드클라우드를 만들 때 키워드에 입력된 3개의 단어는 가장 크게 강조됩니다. 내 이름을 포함해 별명 또는 나의 특징을 적어 보세요.

06 이번에는 텍스트 입력 칸에 '나'와 관련된 단어를 추가해 보겠습니다. 내가 좋아하는 것(음식, 취미, 연예인, 캐릭터 등) 나에 대해 더 입력해 보세요.

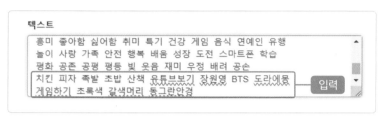

07 글자색과 폰트를 변경한 다음 <워드클라우드 만들기>를 클릭해 결과를 확인해 보세요.

08 원하는 결과가 나오면 <다운로드> 단추를 클릭합니다.

 결과물이 마음에 들지 않아요!

글자색이나 폰트, 단어 배치 등이 마음에 들지 않을 경우에는 항목을 다시 선택한 다음 <워드클라우드 만들기> 단추를 눌러 새로운 결과를 확인할 수 있어요.

나를 소개하는 포스터를 만들어요!

완성된 워드클라우드 이미지를 활용해 나를 소개하는 포스터를 만들어 보겠습니다. PPT 프로그램을 실행하여 [11_소개하기] 파일을 열어주세요.

01 [삽입]-[그림(🖼)]을 클릭한 다음 [다운로드] 폴더에서 저장된 워드클라우드 이미지를 선택합니다.

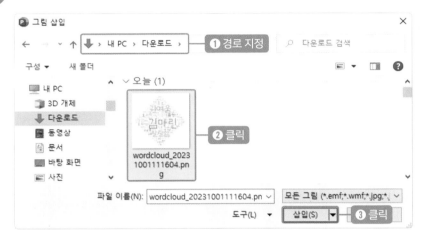

02 그림이 삽입되면 크기와 위치를 적당하게 조절해 줍니다.

크기 및 위치 조절

03 [슬라이드 2]를 클릭해 나와 관련이 있는 말풍선을 선택한 후 Ctrl+C를 눌러 그림을 복사합니다.

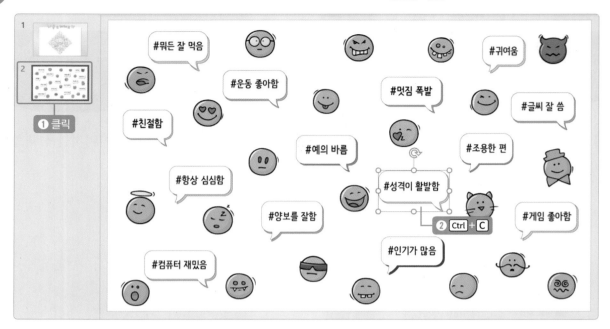

04 [슬라이드 1]에서 Ctrl+V를 눌러 붙여넣기 합니다. 이어서, 크기와 위치를 조절합니다.

05 똑같은 방법으로 [슬라이드 2]의 그림을 활용해 나를 소개하는 포스터를 완성해 보세요!

인공지능 플러스

워드클라우드 사이트를 이용해 '인공지능'과 관련된 작품을 만들어 보세요. [인공지능 플러스] 폴더 안에 있는 [AI 단어 100개.txt]를 이용하면 쉽게 만들 수 있을 거예요!

정리하기

빈 칸에 들어갈 알맞은 단어를 적어보세요.

지식과 정보를 표현하기 위해 사용하는 숫자 또는 글자를 ◯◯◯ 라고 불러요!

깊은 바다 속을 멋지게 꾸며요

 인공지능 인공지능 프로그램으로 아이콘을 그려 보아요.

 PPT 활용 바닷속 풍경을 완성해 보세요.

미리보기

 >> **실습 및 완성파일 :** [12강] 폴더

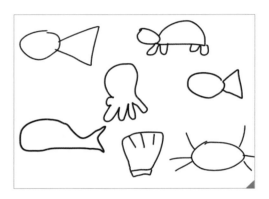

오토드로우를 이용해 클립아트 형태의 그림을 그려요!

오토드로우는 내가 어떤 그림을 그리는지 추측하여 자동으로 아이콘을 만들어주는 인공지능 도구예요.

01 크롬 브라우저를 통해 '오토드로우'에 접속합니다. 펜 색을 검정 색으로 변경한 다음 물고기 모양을 그려 보세요.

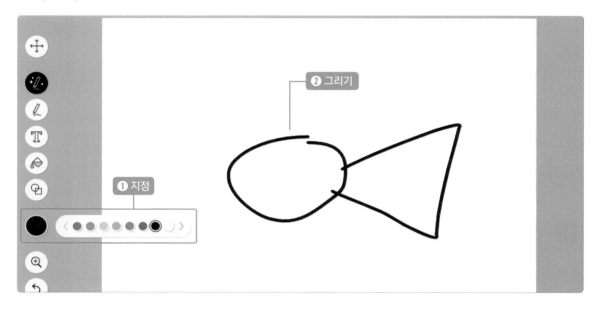

02 상단에 인공지능 추천 그림이 표시되면 원하는 물고기를 선택합니다.

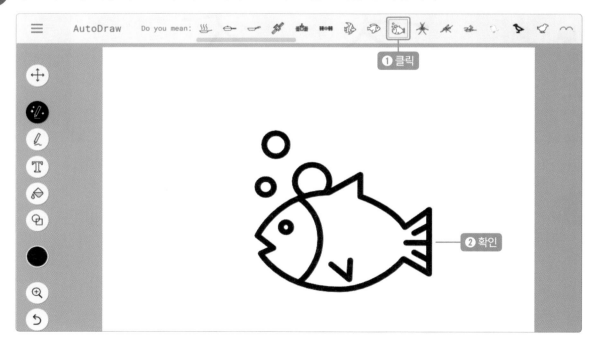

03 ⊕(선택 도구)를 이용해 물고기의 크기와 위치를 조절합니다.

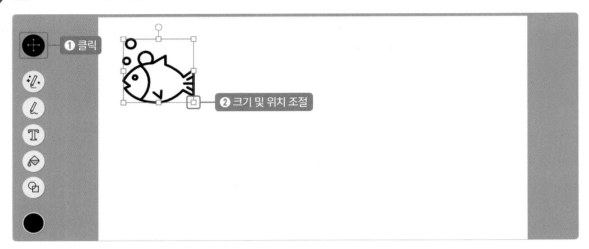

04 ⬢(자동 그리기 도구)를 클릭하여 꽃게 형태를 그린 후 원하는 모양을 선택해요.

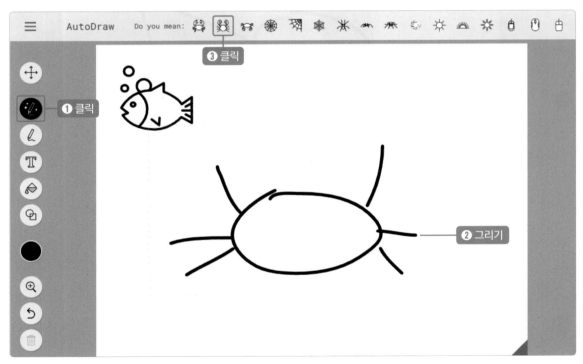

TIP 그림을 다시 그리거나 선택하고 싶어요!

Ctrl + Z 를 누르면 현재 작업의 바로 전 단계로 되돌아갈 수 있습니다.

05 ⊕(선택 도구)를 이용해 꽃게의 크기와 위치를 조절합니다.

06 아래 그림을 참고하여 바닷속 생물들을 그리고 배치해 보세요.

TIP **그림을 회전하는 방법**

그림 상단의 ♀(회전점)을 드래그하면 그림을 자유롭게 회전시킬 수 있습니다.

07 ◉(채우기 도구)를 클릭한 다음 색상을 변경해 그림 안쪽을 채워 주세요. 단, 흰색은 이용하지 않도록 합니다.

08 ✐(그리기 도구)를 이용해 그림 주변을 자유롭게 꾸며 보세요.

09 작업이 끝나면 [Download(다운로드)]를 클릭해 저장합니다.

여러 가지 그림으로 바닷속을 꾸며요!

저장된 아이콘을 활용해 바닷속 장면을 꾸며보도록 하겠습니다. PPT 프로그램을 실행하여 [12_바다꾸미기] 파일을 열어주세요.

01 [삽입]-[그림(🖼)]을 클릭한 다음 [다운로드] 폴더에서 작업한 그림을 추가합니다.

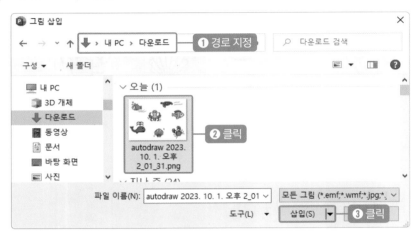

02 [그림 형식]-[색(🖼)]-[투명한 색 설정]을 클릭한 다음 배경의 흰색 부분을 선택합니다.

03 흰색 배경이 지워지면 크기와 위치를 적당하게 조절해 줍니다.

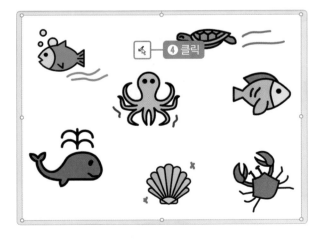

04 [슬라이드 2]의 그림을 복사(Ctrl+C)한 후 [슬라이드 1]에 붙여넣기(Ctrl+V) 해 바닷속 풍경을 완성해 보세요.

오토드로우 인공지능 사이트를 이용해 자유롭게 그림을 그려 보세요.

정리하기

누군가 데이터 쿠키를 훔쳐간 것 같아요! 아래 단서를 참고해 범인의 이름을 적어보세요.

AI

범인 [ ][ ][ ]

단서

내 쿠키...

@	÷	＋	#	¡	$
비	먹	공	봇	하	파
[	"	&	•	¥	?
생	마	이	가	린	유

어린이 의상디자이너가 되어볼까요?

학습 만화
0과 1로 그림을 그리는 인공 지능에 대해 알아보아요.

인공 지능
픽셀 도안에 그림을 그려 티셔츠를 디자인해요.

PPT 활용
의상디자이너가 되어 캐릭터를 꾸며 보세요.

미리보기 >> 실습 및 완성파일 : [13강] 폴더

인공 지능

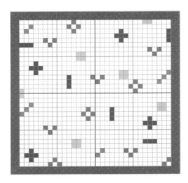 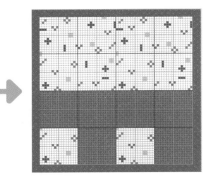 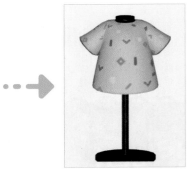

PPT 활용

지잉

우와~ 이 그림 어떻게 그린 걸까?

그러게...!

우와...

훗

믿기 어렵겠지만~ 인공지능은 0과 1로 그림을 그려.

내가 그림은 좀 아는데, 그림은 물감으로 그리는 거야~

그렇긴 해..

우리는 0과 1만 있으면 그림도 그리고 계산도 할 수 있습니다!

끄덕끄덕

응!! 이거 픽셀 아냐?

오~ 똑똑한데?

그림을 확대하니 사각형이 보이지?

0	0	0	0	0	0	0	0	0	0	0
0	0	1	1	1	0	1	1	1	0	0
0	1	1	1	1	1	1	1	1	1	0
0	1	1	1	1	1	1	1	1	1	0
0	1	1	1	1	1	1	1	1	1	0
0	1	1	1	1	1	1	1	1	1	0
0	0	1	1	1	1	1	1	0	0	0
0	0	0	1	1	1	1	0	0	0	0
0	0	0	0	1	1	0	0	0	0	0
0	0	0	0	0	0	0	0	0	0	0

0은 빈 공간, 1은 색칠이 되는 부분이야. 인공지능은 이런 방법으로 그림을 그려!

하이비!!! 나도 그려 줘!!응??

네. 잠시만 기다리세요.

짠~! 그리기를 완료했습니다. ^^

ㅋㅋㅋㅋㅋ

이게 뭐야!!!

ㅋㅋㅋㅋㅋ

닮은 거 같은데?ㅋㅋ

STEP 01

패턴편집기로 픽셀 도안을 그려 의상을 디자인해요!

패턴편집기를 이용하면 쉽고 빠르게 픽셀 형태의 그림을 그릴 수 있어요. 완성된 그림을 티셔츠 도안으로 적용하면 멋진 옷을 만들 수 있답니다.

01 크롬 브라우저를 통해 '패턴편집기'에 접속합니다.

02 흰색이 선택된 상태에서 십자선 부분을 드래그하여 지워줍니다.

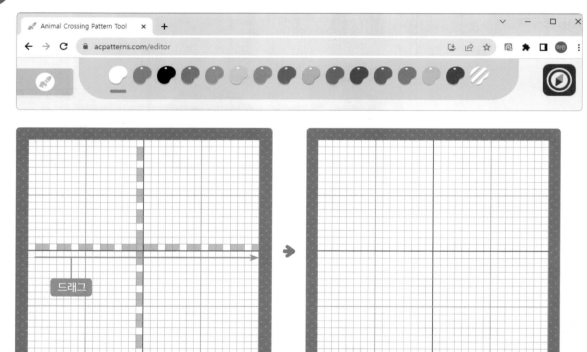

03 원하는 색을 선택한 다음 하트 모양의 픽셀을 찍어 보겠습니다.

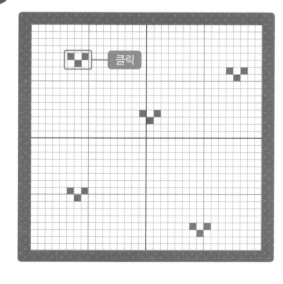

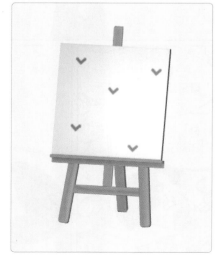

TIP **그림을 지우고 싶어요!**

❶ 도구 모음에서 ⟲ (이전단계)를 클릭해 바로 전 단계로 돌아갈 수 있어요.
❷ 키보드에서 [Ctrl]+[Z]를 눌러 이전 단계로 돌아갈 수 있어요.
❸ 흰색을 선택한 다음 잘못 그려진 부분을 드래그하여 지울 수 있어요.

04 이번에는 색상을 바꿔서 십자 모양의 픽셀을 찍어보겠습니다.

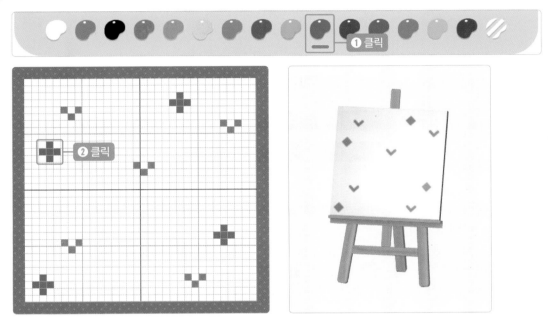

05 같은 방법으로 다양한 패턴을 그려 도안을 채워 보세요.

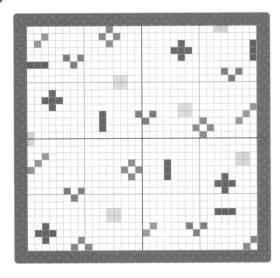

06 그린 패턴 도안을 이용해 옷을 디자인하기 위해 아래와 같이 작업합니다.

07 이번에는 옷의 배경색을 다른 컬러로 적용해 보겠습니다. 팔레트의 첫 번째 색상을 더블 클릭한 다음 원하는 색을 선택하세요.

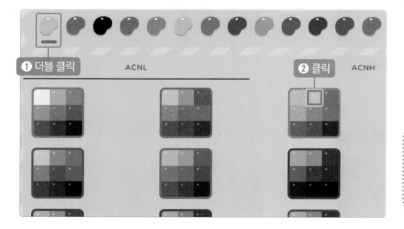

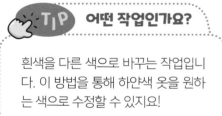

어떤 작업인가요?

흰색을 다른 색으로 바꾸는 작업입니다. 이 방법을 통해 하얀색 옷을 원하는 색으로 수정할 수 있지요!

08 오른쪽 하단의 [Export]을 눌러 [as QR Code]를 클릭해 작품을 저장합니다.

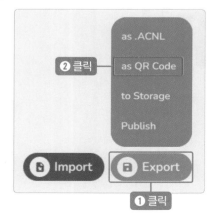 

배경을 제거하여 캐릭터에게 옷을 입혀요!

완성된 의상을 캐릭터에게 입히고 다양한 아이템으로 꾸며보기 위해 PPT 프로그램을 실행하여 [13_의상디자이너]
파일을 열어주세요.

01 [삽입]-[그림(🖼)]을 클릭한 다음 [다운로드] 폴더에서 디자인 된 의상을 추가합니다.

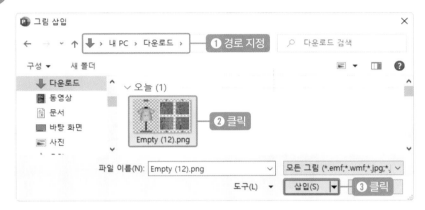

02 불필요한 부분을 없애기 위해 [그림 형식]-[자르기(🔲)]를 클릭하여 자르기 조절점을 드래그합니다.

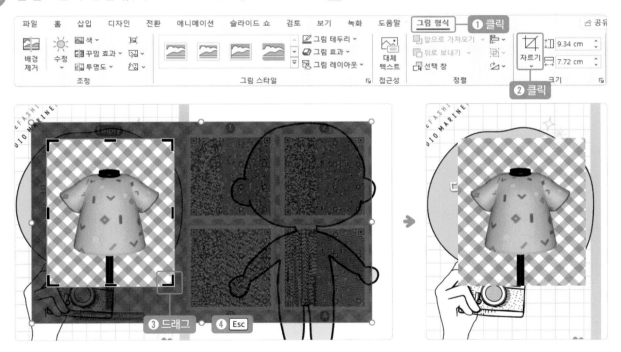

03 이번에는 [그림 형식]-[배경 제거(▨)]를 클릭해 체크무늬 배경을 지워줍니다.

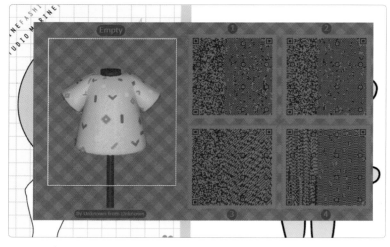 

TIP **한쇼 사용자는 이렇게 해요!**

❶ [🎨(그림)]-[🖼(사진 편집)] 메뉴를 클릭합니다.
❷ 투명 효과 탭에서 옵션을 변경한 다음 배경과 옷걸이를 클릭해 지워줍니다.
❸ 투명 적용이 잘못되었을 때는 <재설정> 단추를 클릭합니다.

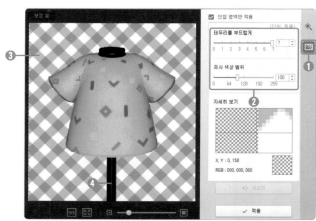 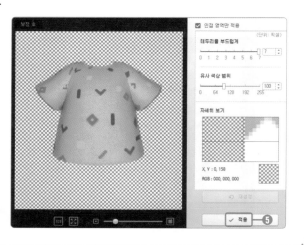

04 완성된 티셔츠와 주변 아이템을 캐릭터에 배치하여 완성해 봅니다.

패턴편집기 사이트에서 원하는 그림을 찾아 편집한 다음 '옷' 도안을 완성해 보세요.

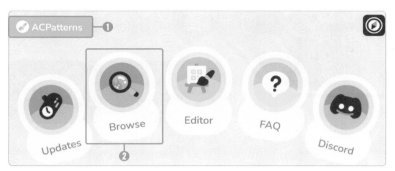

❶ [ACPatterns]클릭 → [Browse] 클릭

❷ 원하는 그림 선택

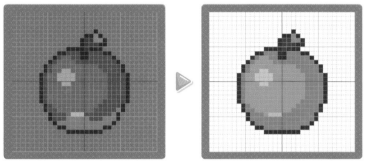

❸ 그림과 배경을 원하는 색상으로 변경

❹ 티셔츠로 변환

정리하기 빈 칸에 들어갈 알맞은 단어를 적어보세요.

인공지능은 숫자　　　과　　　을 이용하여 그림을 그릴 수 있어요!

인공지능과 만들어보는 멋진 동물원

 인공지능 동물원에 필요한 그림을 인공지능과 함께 그려요.

 PPT 활용 멋진 동물원을 꾸며보세요.

미리보기 ▶▶ **실습 및 완성파일 : [14강] 폴더**

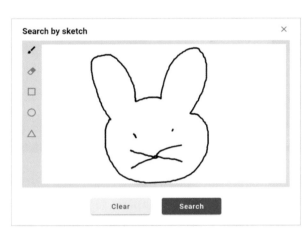

STEP 01

이머스AI를 이용해 필요한 그림을 찾아보세요!

이머스AI는 사용자가 그린 스케치를 통해 비슷한 이미지를 찾아주는 인공지능 도구입니다.

01 크롬브라우저를 통해 '이머스AI'에 접속한 후 ⚡을 클릭해 토끼 모양 그림을 그려주세요.

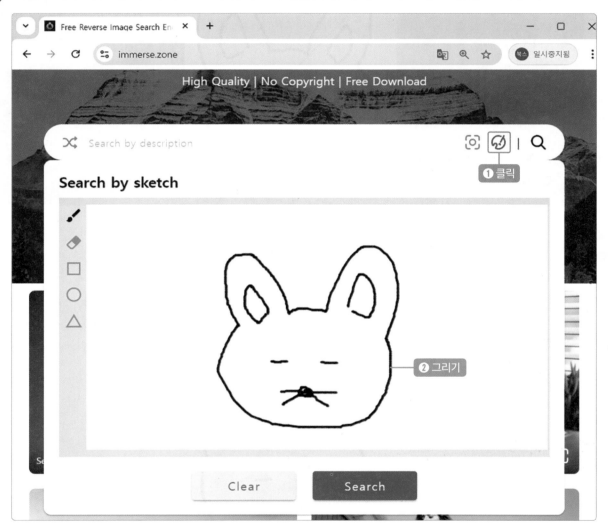

02 캡처 도구 앱(✂️)을 실행해줍니다.

03 토끼를 드래그하여 캡처합니다.

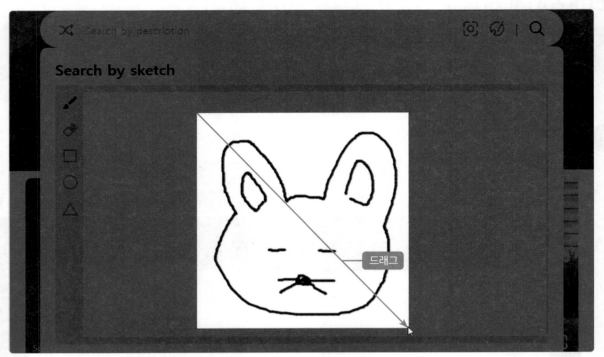

04 캡처가 완료되면 Ctrl + C 를 눌러 그림을 복사합니다.

05 검색 칸을 클릭한 다음 `Ctrl`+`V`를 눌러 그림을 붙여넣어줍니다.

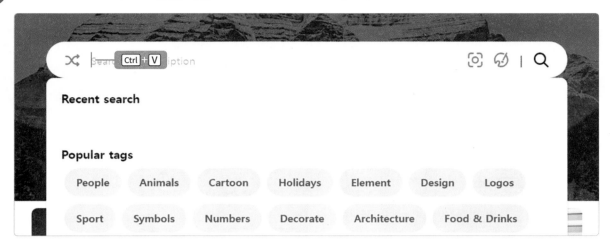

06 그림이 표시되면 원하는 그림을 [바탕 화면] 경로에 저장합니다.

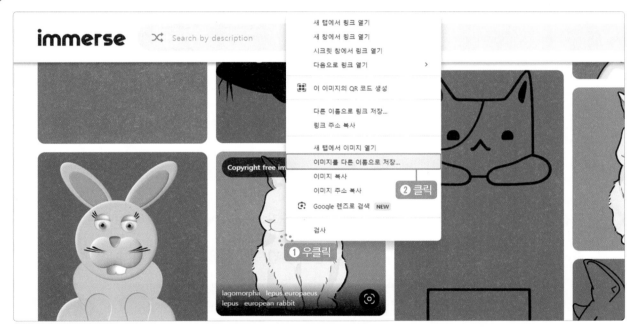

TIP 교재와 같은 그림이 없어요!

마우스로 그린 모양에 따라 교재와 동일한 토끼 그림이 표시되지 않을 수 있어요. 이런 경우에는 원하는 토끼 이미지를 저장해주세요.

07 똑같은 방법으로 동물원에 필요한 동물, 식물 등 원하는 그림을 찾아 저장해 보세요.

여러 가지 그림을 활용해 동물원을 만들어요!

인공지능과 함께 그린 그림을 PPT에 불러와 멋진 동물원을 완성해 보겠습니다. PPT 프로그램을 실행한 다음 [14_동물원] 파일을 열어주세요.

01 [삽입]-[그림(🖼)]을 클릭한 다음 저장된 경로에서 토끼 이미지를 찾아 선택해 줍니다.

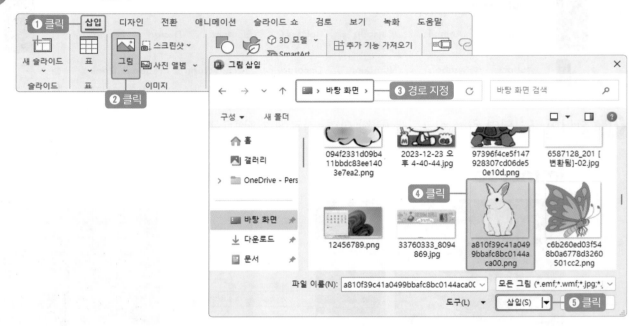

02 똑같은 방법으로 인공지능과 함께 만든 그림을 불러와 슬라이드에 추가해 보세요.

03 슬라이드 주변의 그림들을 잘 배치하여 나만의 멋진 동물원을 완성해봅니다.

이머스AI 사이트에서 스마일을 스케치한 후 캡처 도구를 활용해 움직이는 GIF 형태의 그림을 찾아보세요.

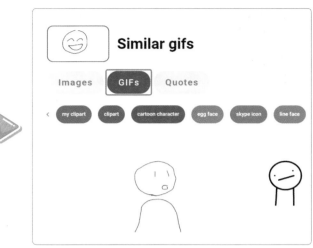

정리하기

숫자 '1'이 적힌 부분에만 색을 칠해 보세요. 어떤 그림이 만들어질까요?

0	0	0	0	0	0	0	0	0	0	0	0	0	0	0	0	0	0	0	0	0	0	0	0
0	0	0	0	0	0	0	0	0	0	1	0	0	0	0	0	0	0	0	0	0	0	0	0
0	0	0	0	0	0	0	0	0	1	0	1	0	0	0	0	0	0	0	0	0	0	0	0
0	0	0	0	0	0	0	0	1	0	0	0	1	0	0	0	0	0	0	0	0	0	0	0
0	0	0	0	0	0	0	1	0	0	0	0	1	0	0	0	0	0	0	0	0	0	0	0
0	0	0	0	0	0	0	1	0	0	0	0	0	1	0	0	0	0	0	0	0	0	0	0
0	0	0	0	0	0	0	1	0	0	0	0	0	1	0	0	0	0	0	0	0	0	0	0
0	1	1	1	1	1	1	0	0	0	0	0	0	0	1	1	1	1	1	1	0	0	0	0
0	1	0	0	0	0	0	0	0	0	0	0	0	0	0	0	0	0	0	1	0	0	0	0
0	0	1	0	0	0	0	0	0	0	0	0	0	0	0	0	0	0	1	0	0	0	0	0
0	0	0	1	0	0	0	0	0	0	0	0	0	0	0	0	0	1	0	0	0	0	0	0
0	0	0	0	1	0	0	0	0	0	0	0	0	0	0	0	1	0	0	0	0	0	0	0
0	0	0	0	1	0	0	0	0	0	0	0	0	0	0	0	1	0	0	0	0	0	0	0
0	0	0	0	1	0	0	0	0	0	0	0	0	0	0	0	1	0	0	0	0	0	0	0
0	0	0	0	1	0	0	0	0	0	0	0	0	0	0	0	1	0	0	0	0	0	0	0
0	0	0	0	1	0	0	0	0	1	1	1	0	0	0	0	1	0	0	0	0	0	0	0
0	0	0	1	0	0	0	1	1	0	0	0	0	0	0	0	1	0	0	0	0	0	0	0
0	0	0	1	0	0	1	0	0	0	0	0	0	0	0	1	0	0	0	0	0	0	0	0
0	0	0	1	1	1	0	0	0	0	0	0	0	0	1	1	0	0	0	0	0	0	0	0
0	0	0	0	0	0	0	0	0	0	0	0	0	0	0	0	0	0	0	0	0	0	0	0

과연..
어떤 그림이
나타날까?

인공지능으로 바흐스타일 음악을 만들어요

 학습 만화 인공지능이 이해하는 데이터를 살펴보아요.

 인공 지능 바흐의 패턴을 활용해 멋진 음악을 만들어요.

 PPT 활용 PPT에 음악을 삽입하고 음악 정보를 입력해요.

 미리보기 >> 실습 및 완성파일 : [15강] 폴더

음악 작품 정보

● 작곡가 : 김마린

● 작품이름 : 방학의 마지막 날

● 작품설명 : 개학을 앞둔 학생들을 위한 노래

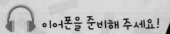
두들바흐와 함께 나만의 음악을 만들어요!

두들바흐는 '바흐'가 작곡한 306곡의 음악 패턴을 분석하여 자연스럽게 화음을 넣어주는 인공지능 도구예요. 두들바흐를 이용하면 몇 번의 클릭만으로도 멋진 작곡이 가능하답니다!

01 크롬 브라우저를 통해 '두들바흐'에 접속한 후 톱니바퀴 모양의 재생 단추를 클릭합니다.

02 소개 건너뛰기 를 클릭해 다음과 같이 오선지가 표시되면 자유롭게 음표를 그려보세요.

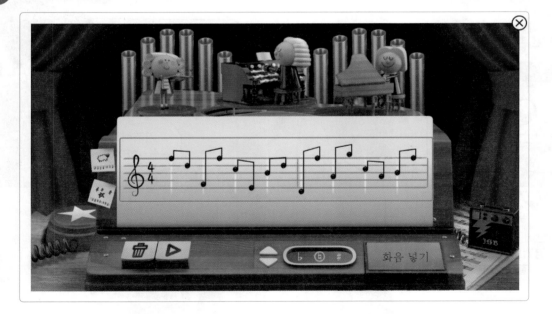

아무런 규칙 없이 자유롭게 음표를 연결하여 악보를 그려도 괜찮아요. 바흐의 화음이 들어가는 순간 멋진 음악이 완성될 거예요!

03 <화음 넣기>를 클릭하여 인공지능이 만들어준 바흐 스타일의 음악을 감상해 봅니다.

 완성된 화음이 마음에 들지 않아요!

❶ 🗑 : 악보를 지운 다음 새롭게 음표를 추가할 수 있어요.
❷ ✏ : 기존 음표를 유지한 상태에서 수정이 가능해요.

04 마음에 드는 음악이 만들어지면 저장해 주세요.

TIP 작곡에 필요한 메뉴 구성을 알아보아요!

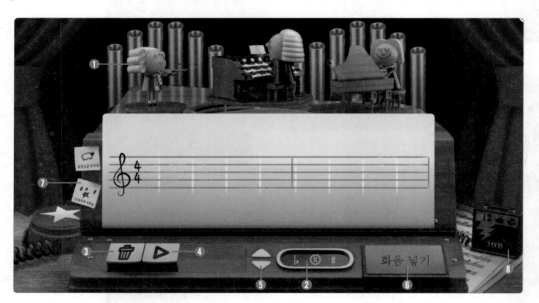

❶ 바흐와 관련된 상식을 확인할 수 있어요. 클릭할 때마다 새로운 내용이 등장할 거예요.

❷ 샵 / 플랫 기호를 추가해 다양한 음계를 표현할 수 있어요.

❸ 현재 악보에 입력된 모든 음표를 삭제해요.

❹ 악보에 입력된 멜로디를 재생할 수 있어요.

❺ 음악의 속도를 조절할 수 있어요.

❻ 바흐 스타일의 화음을 인공지능 기술로 구현해요.

❼ 동요 '비행기'와 '작은별'의 계이름을 악보로 불러올 수 있어요.

❽ 전자 음악 스타일의 작곡이 가능해요.

작곡한 음악을 PPT에 넣고 정보를 입력해요!

바흐 스타일로 만들어진 음악을 PPT에 추가하고, 텍스트 상자를 이용해 음악과 관련된 정보를 입력해 보겠습니다.
PPT 프로그램을 실행하여 [15_작곡가] 파일을 열어주세요.

01 [삽입]-[오디오(🔊)]를 클릭한 다음 [다운로드] 폴더에서 작곡한 음악을 가져옵니다.

02 음악이 삽입되면 다음과 같이 크기와 위치를 조절합니다.

TIP 한쇼 사용자는 이렇게 해요!

한쇼에서는 아래 방법에 따라 파일 형식을 'mp3'로
변환하는 작업이 필요합니다.

⭐ QR코드를 참고해 주세요!

03 [삽입]-[도형(◎)]에서 [텍스트 상자(가)]를 선택합니다.

04 내용을 넣으려는 부분을 클릭하여 나의 이름을 입력해줍니다.

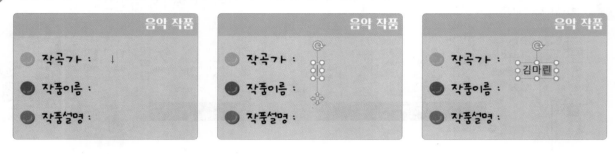

05 텍스트 상자의 테두리를 클릭한 다음 [홈] 탭에서 글꼴 서식을 자유롭게 변경합니다.

06 이번에는 텍스트 상자의 테두리를 드래그하여 위치를 조절합니다.

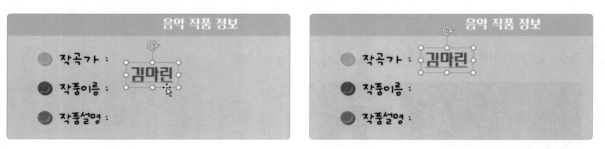

07 똑같은 방법으로 곡에 대한 작품이름과 작품설명을 자유롭게 입력해 보세요.

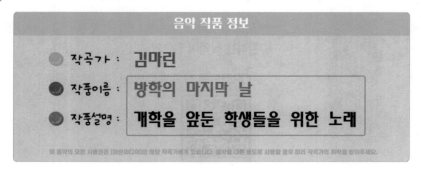

인공지능 플러스

두들바흐 인공지능 사이트에서 악보를 그린 다음 전자 음악으로 만들어 보세요.

정리하기 다음은 인공지능이 이해하는 데이터입니다. 알맞은 단어와 그림을 연결해 보세요.

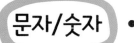
문자/숫자 •

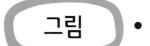
그림 •

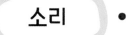
소리 •

동영상 •

2024 새해 복 많이 받으세요

CHAPTER 16

만화 캐릭터 작업과 하이퍼링크

 선을 이용하여 만화 주인공을 그려요.

 이미지와 웹툰 사이트를 연결시켜요.

 미리보기 >> 실습 및 완성파일 : [16강] 폴더

STEP 01

기가만화를 이용해 멋진 캐릭터를 그려요!

기가만화는 간단한 선을 스케치하는 것만으로 만화 캐릭터를 만들 수 있는 인공지능 도구예요.

01 크롬 브라우저를 통해 '기가만화'에 접속한 후 ⬤실험 실행 을 클릭합니다.

02 아래와 같은 화면이 나오면 첫 번째 도구를 이용해 빈 화면에 얼굴 형태를 그려 보세요.

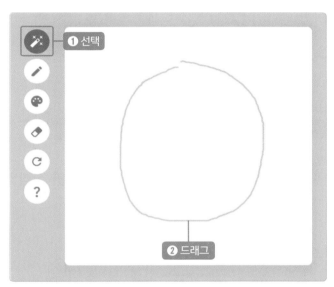

03 화면에 여러 번 선을 그어 만화 캐릭터 윤곽을 완성해 보세요.

04 이번에는 두 번째 도구를 선택하여 표시된 윤곽에 맞춰 간단하게 스케치를 해보세요.

05 마지막으로 색을 채워보도록 하겠습니다. 팔레트의 색상을 선택하여 필요한 부분에만 살짝씩 그어 준 다음 ◉를 클릭합니다.

06 채색된 그림이 표시되면 ◉를 눌러 다운로드 해주세요.

STEP 02
그림에 표정을 완성한 다음 하이퍼링크를 적용해요!

만화 캐릭터를 PPT로 불러와 꾸며본 다음 어린이 웹툰 사이트로 연결시켜 보도록 할게요. PPT 프로그램을 실행한 다음 [16_AI만화] 파일을 열어주세요.

01 [삽입]-[그림(🖼)]을 클릭한 다음 [다운로드] 폴더에서 이미지를 불러옵니다.

02 그림의 크기와 위치를 조절한 다음 [맨 뒤로 보내기] 작업을 합니다. 이어서, 캐릭터를 꾸며주세요.

03 사용하지 않은 꾸미기 그림들은 Delete 를 눌러 삭제합니다.

04 [16강] 폴더에서 [아이나무툰.txt] 파일을 열어 URL 주소를 복사합니다.

05 캐릭터 이미지 위에서 마우스 오른쪽 버튼을 눌러 [하이퍼링크]를 클릭합니다.

06 주소 입력 칸에 복사된 웹툰 사이트 주소를 붙여넣습니다.

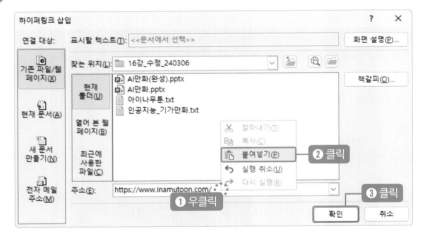

07 F5 를 눌러 만화 이미지를 클릭하면 '아이나무툰' 웹페이지로 이동하는 것을 확인할 수 있어요.

TIP 아이나무툰은 어떤 곳인가요?

아이나무툰은 어린이를 위한 웹툰 연재 플랫폼으로, 학습, 지식, 교양, 재미 등의 다양한 웹툰 작품들이 있습니다.
무료 웹툰은 로그인 없이도 즐길 수 있어요.

기가만화 사이트에서 하트 또는 별과 같은 그림을 그리면 어떤 캐릭터가 나타날까요?

 ▷  ▷  ▷

 ▷  ▷  ▷

 ▷

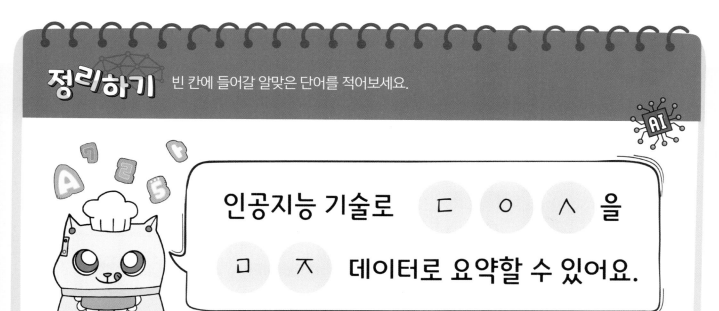

정리하기 빈 칸에 들어갈 알맞은 단어를 적어보세요.

인공지능 기술로 ㄷ ㅇ ㅅ 을 ㅁ ㅈ 데이터로 요약할 수 있어요.

인공지능,
내 그림을 알아맞혀 봐!

 학습 만화 | 인공지능이 사물을 어떻게 인식하는지 알아보아요.

 인공 지능 | 제시된 단어에 알맞게 그림을 그리는 게임을 해요.

 PPT 활용 | 인공지능이 인식하지 못한 그림에 내용을 추가해요.

 미리보기 >> 실습 및 완성파일 : [17강] 폴더

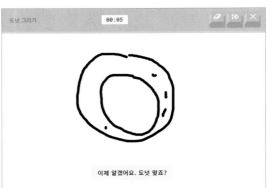

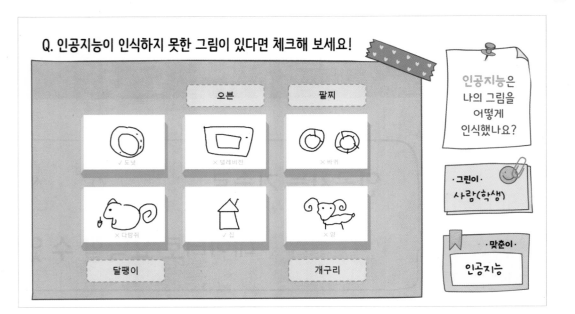

퀵드로우로 그림 맞추기 게임을 해요!

퀵드로우는 인공지능과 함께 즐기는 그림 퀴즈 게임이에요. 제시어에 맞추어 그림을 그리면 인공지능 기술을 통해 어떤 그림인지 판단할 수 있어요.

01 크롬 브라우저를 통해 '퀵드로우'에 접속한 후 <시작하기>를 클릭합니다.

02 그려야 할 단어를 확인한 다음 <알겠어요!>를 클릭해 게임을 시작합니다.

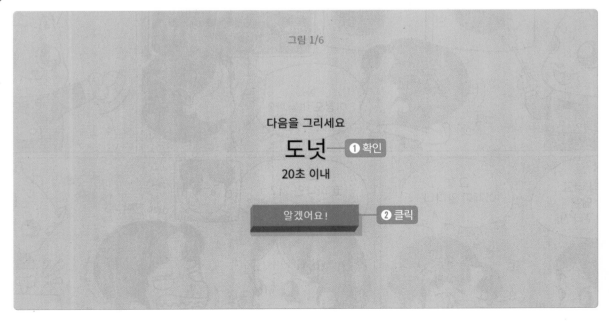

03 제시된 단어에 맞추어 빠르게 그림을 그려 보세요. 게임이 시작되면 20초의 그리기 시간이 주어집니다.

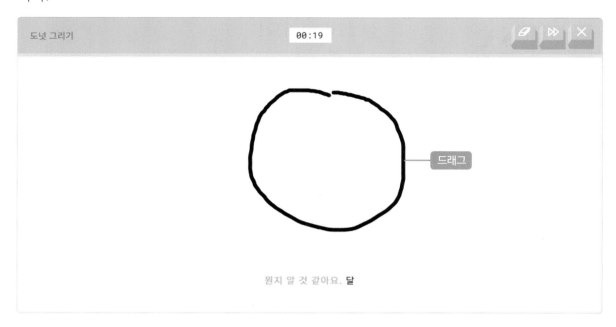

 **오른쪽 상단의 도구를 알아볼까요?**

❶ 지우기 : 그린 것을 모두 삭제할 수 있어요.
❷ 넘기기 : 다음 문제로 이동할 수 있어요.
❸ 종료 : 이번 게임을 종료하고, 처음부터 다시 도전해요!

04 그림을 그리는 도중에도 퀵드로우는 어떤 그림인지 알아차릴 수 있습니다.

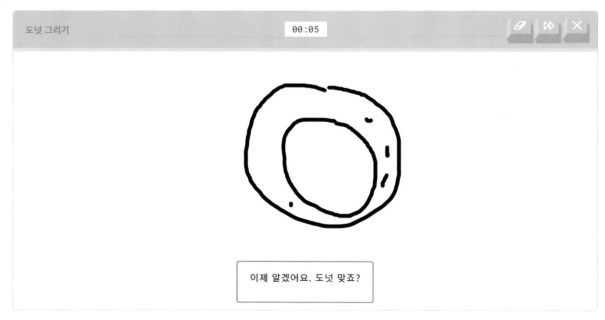

05 동일한 방법으로 6개의 그림 퀴즈를 모두 진행한 후 결과를 확인해 보세요.

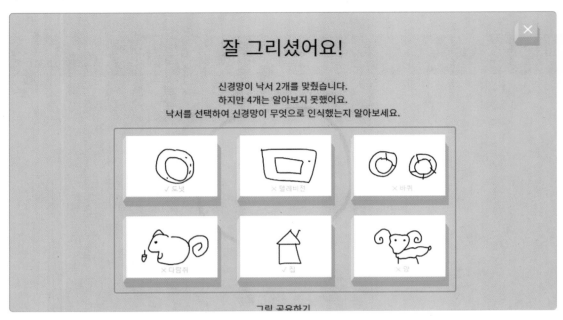

06 오답을 클릭해 인공지능이 나의 그림을 어떻게 인식했는지 확인할 수 있어요. 확인이 끝나면 <뒤로> 단추를 눌러주세요.

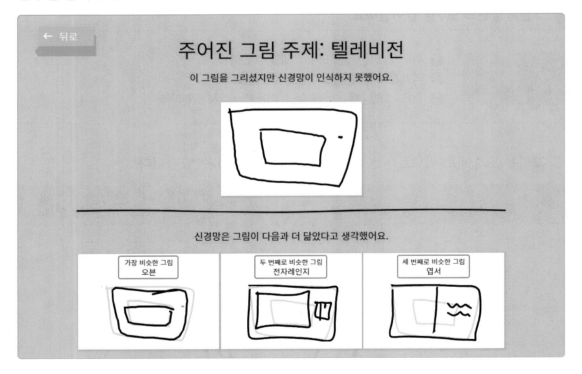

TIP 퀵드로우 크롬 창을 종료하지 말아 주세요!

다음 과정인 PPT 작업을 할 때 오답 중 인공지능이 인식한 단어가 필요하답니다. 인공지능이 나의 그림을 어떻게 인식했는지 잘 살펴보세요!

인공지능은 내 그림을 어떻게 인식했나요?

그림퀴즈의 결과물을 캡처하여 PPT 프로그램에 불러온 다음 인공지능이 인식한 오답을 입력해 보도록 하겠습니다!
PPT 프로그램을 실행하여 [17_그림맞추기] 파일을 열어주세요.

01 '퀵드로우' 결과 이미지가 활성화 된 상태에서 '캡처 도구' 앱을 이용해 캡처해 주세요.

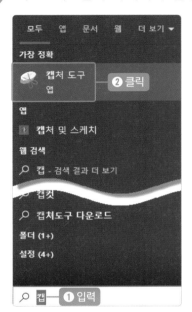

02 [편집]-[복사] 메뉴를 이용하거나, Ctrl + C 를 눌러 그림을 복사합니다.

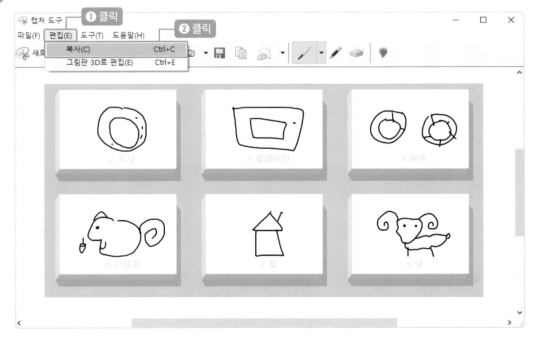

03 [17_그림맞추기] PPT 파일을 열어 붙여넣기(Ctrl+V)한 후 배치해 보세요.

04 [삽입]-[도형(⬜)]에서 원하는 사각형 모양을 선택합니다.

05 오답으로 체크된 그림 주변에 도형을 삽입하고, 인공지능이 인식한 단어를 적어 보세요.

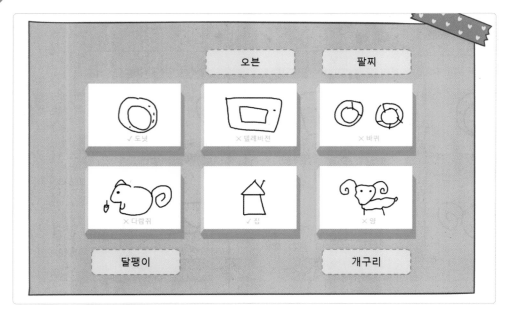

퀵드로우 인공지능 사이트를 이용해 인공지능과 그림 게임을 더 즐겨
봅니다. 만약 인공지능이 인식하지 못한 그림이 있다면 아래 표에 기록해
보세요!

내가 그린 그림	인공지능 인식 단어	내가 그린 그림	인공지능 인식 단어

정리하기

다음은 '데이터 분류'와 관련된 내용입니다. 보기 의 글자를 모두 이용하여 빈 칸을 채워
보세요!

보기   터 류 습 비 이 데 숫 학 분

인	공	지	능	은			된
		를				한	
것	끼	리			해	요	.

아이콘 연상 퀴즈를 만들어요

인공지능 인공지능 프로그램으로 그림을 그려 보아요.

PPT 활용 재미있는 아이콘 연상 퀴즈를 만들어요.

 미리보기 >> 실습 및 완성파일 : [18강] 폴더

 인공지능

 PPT 활용

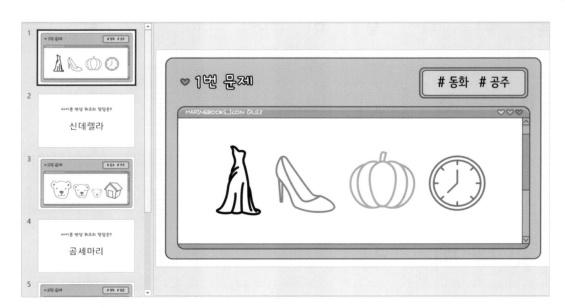

오토드로우를 이용해 필요한 아이콘을 그려요!

오토드로우는 내가 어떤 그림을 그리는지 추측하여 자동으로 아이콘을 만들어주는 인공지능 도구예요.

01 크롬 브라우저를 통해 '오토드로우'에 접속합니다.

02 캔버스 오른쪽 하단의 ◢을 드래그하여 캔버스 크기를 가로로 길게 조절합니다.

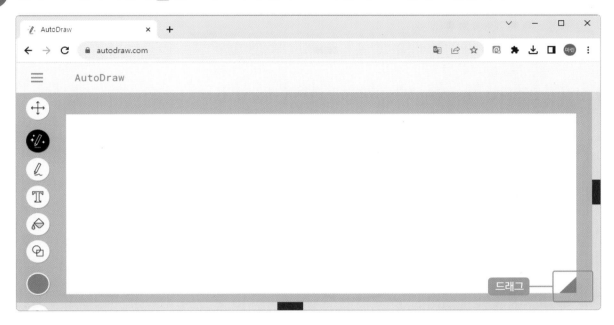

03 아이콘 연상 퀴즈의 정답이 '신데렐라'가 되도록 만들기 위해 드레스를 그려 봅니다.

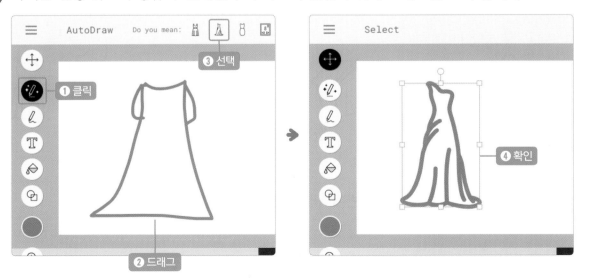

04 '신데렐라'와 관련된 아이콘을 몇 개 더 만든 후 색상도 변경해 보세요.

05 작업이 완료되면 [Download(다운로드)]를 클릭해 저장합니다.

06 똑같은 방법으로 '곰 세 마리(동요)', '겨울왕국(영화)'과 관련된 연상 아이콘을 각각 만들어 저장해 보세요.

TIP 새로운 작업을 위해 그림을 한 번에 지우는 방법!

❶ ⊕(선택 도구)가 활성화 된 상태에서 캔버스 안의 이미지를 드래그합니다.
❷ 모든 그림(아이콘)이 선택되면 Delete 를 눌러 삭제합니다.

STEP 02

아이콘 연상 퀴즈 게임을 완성해요!

저장된 그림을 불러와 아이콘 연상 퀴즈 게임을 만들고, 정답을 입력해 보도록 할게요. PPT 프로그램을 실행하여 [18_아이콘연상퀴즈] 파일을 열어주세요.

01 [삽입]-[그림(🖼)]을 클릭한 다음 [다운로드] 폴더에서 저장된 신데렐라 아이콘 이미지를 삽입합니다.

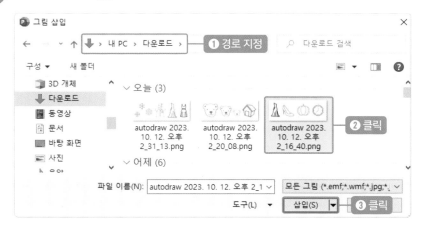

02 그림의 크기와 위치를 적당하게 배치해 봅니다.

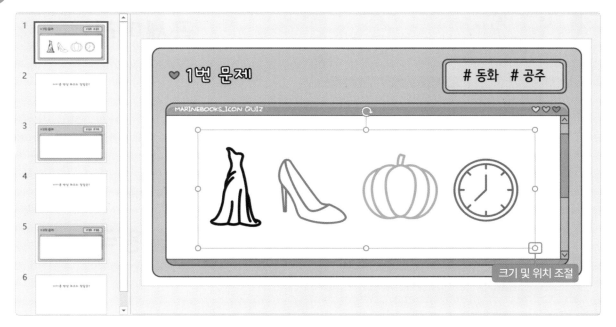

03 [슬라이드 2]에서 [삽입]-[WordArt(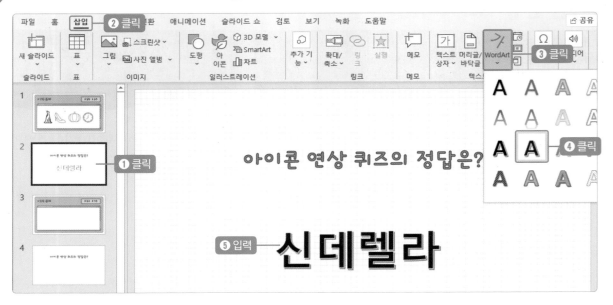)]를 이용하여 퀴즈의 정답인 '신데렐라'를 적어보도록 합니다.

04 아래 그림을 참고하여 [슬라이드 3] ~ [슬라이드 6]을 모두 완성해 봅니다.

▲ [슬라이드 3]

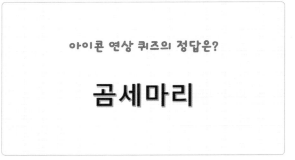

▲ [슬라이드 4]

▲ [슬라이드 5]

▲ [슬라이드 6]

오토드로우 인공지능 사이트를 활용해 자유로운 주제로 아이콘 연상 퀴즈를 만들어 보고, 친구들과 함께 공유해 보세요!

TIP 키워드로 힌트를 제공해요!

친구들에게 문제를 낼 때는 키워드를 함께 제공해 문제의 힌트를 줄 수 있어요. 위 문제의 키워드는 '# 동요 # 과일'입니다. 정답이 떠오르나요?

정리하기

아래 예시를 참고하여 표 안의 조건에 따라 그림을 분류해 보세요.

기호	조건
○	살아있는 것이에요.
♡	먹을 수 있어요.
△	이름이 1글자예요.
□	이름에 'ㅇ'이 들어가요.

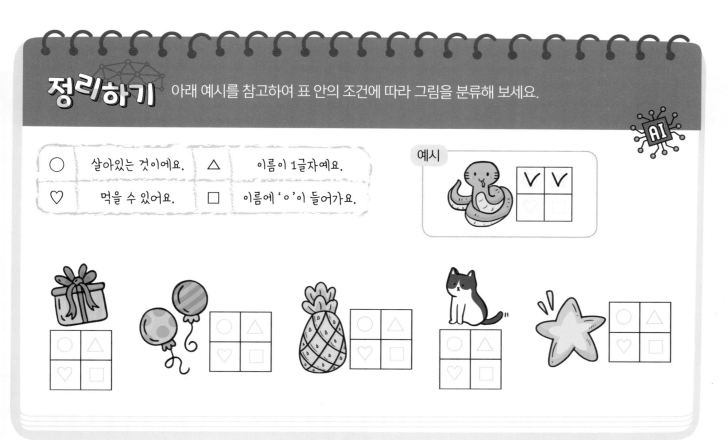

다양한 포즈로 움직이는 마린맨

학습 만화
인공지능도 감정을 느낄 수 있을까요?

PPT 활용
나만의 캐릭터를 만든 후 그림으로 저장해요.

인공 지능
저장된 캐릭터에게 다양한 움직임을 지정해요.

>> 실습 및 완성파일 : [19강] 폴더

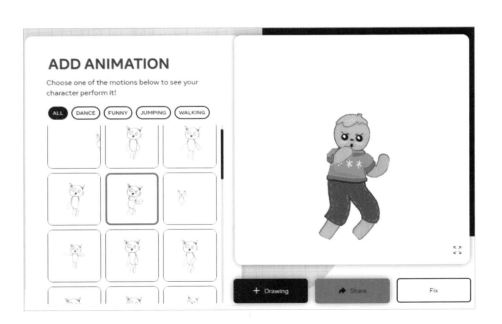

나만의 마린맨쿠키를 만들어요!

PPT로 캐릭터를 만든 다음 인공지능 도구를 활용해 움직여 보도록 하겠습니다. 먼저 PPT 프로그램을 실행하여 [19_마린맨쿠키] 파일을 열어주세요.

01 [슬라이드 2]에서 원하는 상의를 선택한 후 그림을 복사(Ctrl + C)합니다.

02 [슬라이드 1]을 선택한 다음 붙여넣기(Ctrl + V)하여 옷을 배치해 보세요.

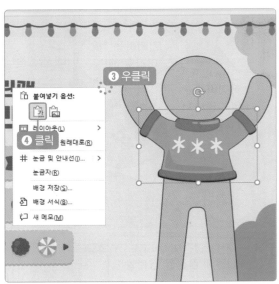

03 동일한 방법으로 마린맨쿠키를 완성해 보세요!

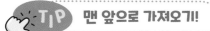 **맨 앞으로 가져오기!**

상의가 하의 뒤쪽으로 이동했다면, 상의 위에서 마우스 오른쪽 버튼을 눌러 [맨 앞으로 가져오기]를 작업합니다.

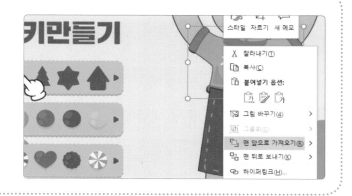

04 Ctrl + A 를 눌러 모든 개체가 선택되면 그룹으로 지정한 후 [그림으로 저장]을 클릭합니다.

 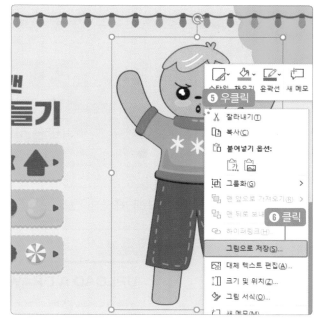

05 원하는 경로에 png 형식으로 그림을 저장합니다.

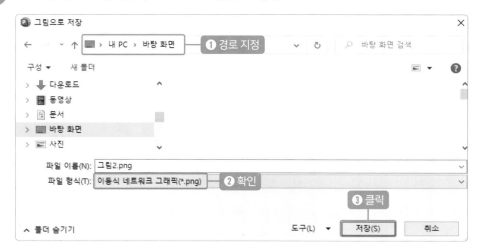

애니메이티드 드로잉으로 그림을 움직여요!

인공지능

애니메이티드 드로잉은 내가 그린 그림을 업로드하면 다양하게 움직이는 형태로 바꿔주는 인공지능 도구예요.

01 크롬 브라우저를 통해 '애니메이티드 드로잉'에 접속한 후 <Get Started>를 클릭합니다.

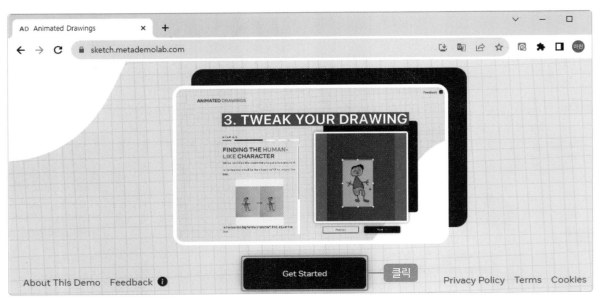

02 <Upload Photo>를 클릭해 저장된 그림을 불러옵니다.

03 업로드 된 이미지를 확인 후 <Next>를 클릭합니다.

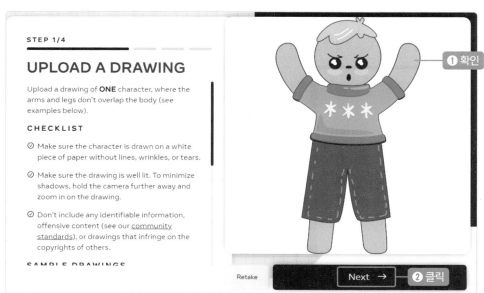

04 <Agree>를 눌러 캐릭터가 모두 포함되도록 조절점을 설정하고 <Next>를 클릭합니다.

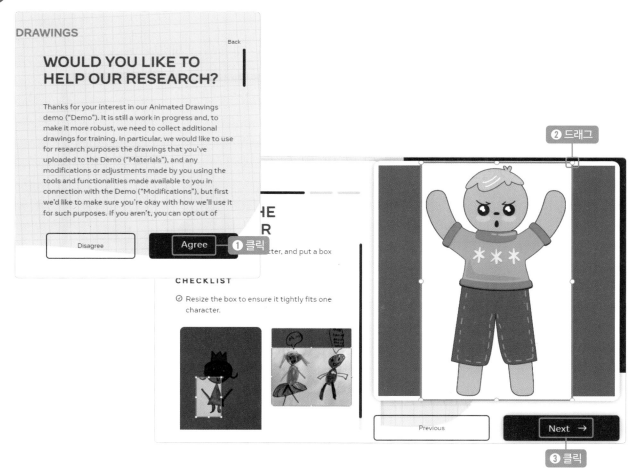

05 만약 포함되지 않은 부분이 있다면 ✏️를 눌러 포함시킬 영역을 드래그한 후 <Next>를 클릭합니다.

06 자동으로 점이 인식되면 다음 단계로 이동합니다.

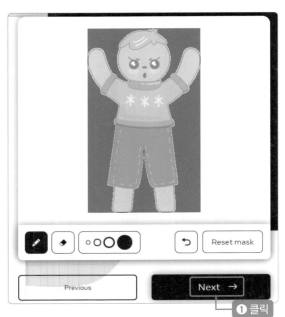

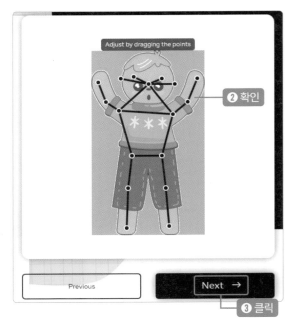

07 지금부터 마린맨쿠키 캐릭터에게 다양한 애니메이션을 적용해 보세요!

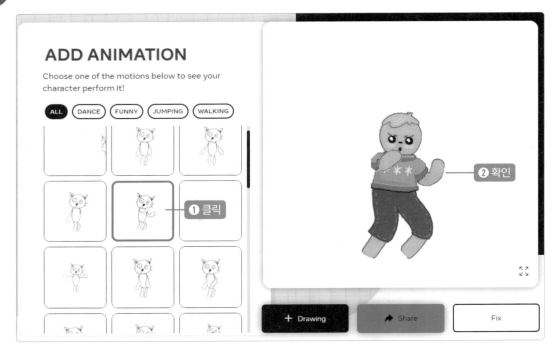

애니메이티드 드로잉 사이트를 이용해 움직이는 로봇 애니메이션을 완성해 보세요. 로봇 그림은 [인공지능 플러스] 폴더 안에 있어요!

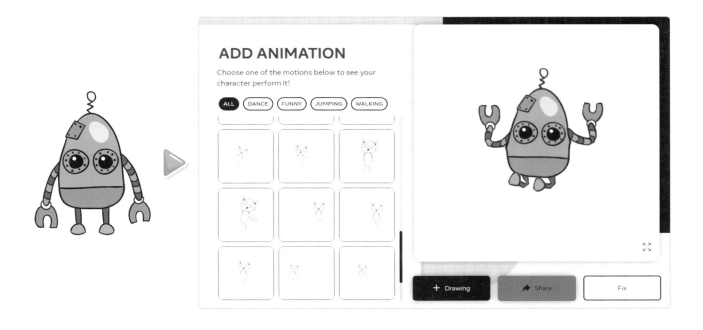

정리하기 다음은 '인공지능의 감정'과 관련된 내용입니다. 보기 의 글자를 모두 이용하여 빈 칸을 채워 보세요.

보기   감   따   정   하   자   라   람   사   연

인	공	지	능	은			의
		스	러	운			을
			지		못	해	요	.

인스타 포토카드를 꾸며요

 인공지능 사진의 배경을 없애고 다른 디자인을 적용해요.

 PPT 활용 나만의 포토카드를 완성해 보세요.

 미리보기 **>>** 실습 및 완성파일 : [20강] 폴더

 인공지능

디자이니파이를 이용해 사진의 배경을 바꿔요!

디자이니파이 인공지능 도구를 이용하면 사진의 배경을 원하는 디자인으로 쉽게 변경할 수 있어요.

01 크롬 브라우저를 통해 '디자이니파이'에 접속한 후 <Upload Image>를 클릭합니다.

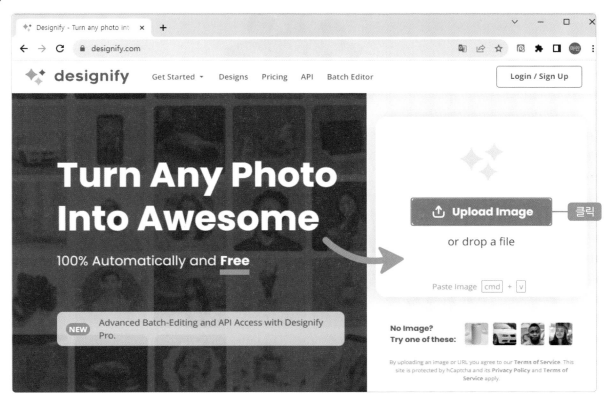

02 [20강] 폴더에서 원하는 그림을 선택합니다.

03 자동으로 배경이 제거되면 원하는 배경을 선택합니다.

04 선택한 그림이 배경으로 적용된 것을 확인한 후 <Download>를 눌러 저장합니다.

05 똑같은 방법으로 3개 사진의 배경을 바꾸고, 저장해 보세요.

인스타 포토카드를 완성해요!

배경이 변경된 사진을 활용해 포토카드 굿즈를 만들어보도록 하겠습니다. PPT 프로그램을 실행하여 [20_포토카드] 파일을 열어주세요.

01 [삽입]-[그림(🖼)]을 클릭한 다음 [다운로드] 폴더에서 저장된 이미지를 삽입합니다.

02 그림의 크기와 위치를 조절한 다음 [맨 뒤로 보내기]를 작업합니다.

TIP **포토카드 꾸미기 전, 확인하세요!**

슬라이드 주변의 스티커를 이용해 포토카드를 꾸미기 위해서는 사진을 맨 뒤로 보내는 작업을 미리 해야 합니다!

03 슬라이드 주변의 스티커를 활용해 포토카드를 꾸며 보세요.

04 똑같은 방법으로 나머지 슬라이드를 완성합니다.

디자이니파이 사이트를 이용해 원하는 그림의 배경 디자인을 바꿔 보세요! 그림은 [인공지능 플러스] 폴더 안에 있습니다.

정리하기

하이비의 말풍선을 읽고, 인공지능 로봇이 대답할 수 있는 것과 거리가 먼 것을 찾아 ○ 표시해 보세요.

7가지 다양한 색상이 조화롭게 어우러져 있습니다.

태양빛과 물방울이 만나서 생기는 자연의 신비입니다.

무지개를 보면 오늘은 꼭 좋은 일이 있을 것만 같습니다.

비가 그친 뒤 해가 떴다는 것을 알려주는 신호입니다.

무지개는 아름답습니다. 그 이유는..

마린오브레전드 게임 캐릭터 생성

학습 만화
인공지능 기술이 가져올 윤리 적 문제를 생각해 보아요.

인공 지능
명령어를 입력해 멋진 게임 캐릭터를 만들어요.

PPT 활용
캐릭터를 배치한 후 그림 스타일을 적용해요.

미리보기 >> 실습 및 완성파일 : [21강] 폴더

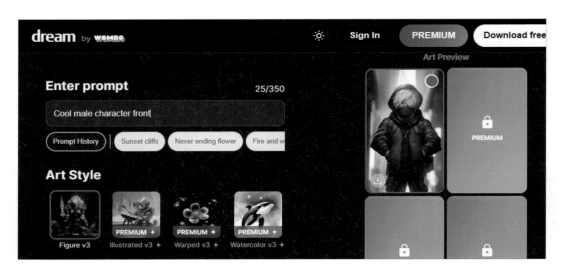

오... 반 고흐가 생각나는 거 같아!

마린봇!! 진짜 잘 그렸다!

인공지능은 상당히 많은 예술품 이미지를 데이터로 학습해.

그것들을 바탕으로 빠르게 그림을 그릴 수 있지!

촤라락~

마린봇! 네 그림 미술관에 작품으로 전시하지 않을래?

화가는 내 이름으로^^

그건 위험한데.... 인공지능은 상상력이 없거든!

하긴... 이미 있는 그림을 섞어서 만든 걸 예술작품이라고 부르긴 좀 그렇지.

맞아 맞아~ 인공지능은 매우 빠르게 발전하고 있지만, 그에 따른 문제점도 발생하고 있지!

하나 예시를 들어볼까?

미래 아닌 현실이 된 자율주행 자동차

만약 자율주행차가 주행 중에 사고가 나면 누구 책임일까?

당연히 운전자 책임이지! 아닌가.. 자동차 회사 책임인가??

이거 봐~

으음~

여러분이라면 이런 상황에서 누가 처벌을 받는 것이 맞다고 생각하나요?

아직까지 자율주행 자동차 사고 관련 처벌은 상황에 따라서 달라질 수 있다고 해요.

STEP 01

드림웜보를 이용해 게임 캐릭터를 만들어요!

드림웜보는 입력된 명령어에 맞추어 멋진 그림을 빠르게 생성할 수 있는 인공지능 도구예요. 명령어는 영어로 입력하는 것이 정확하기 때문에 오늘은 번역기를 함께 활용하겠습니다!

01 크롬 브라우저를 통해 '드림웜보'에 접속한 후 <Create>를 클릭합니다.

02 명령어(프롬프트)를 입력하기 위해 새 탭을 추가합니다.

03 '파파고'에 접속하여 다음과 같이 번역한 후 내용을 복사합니다.

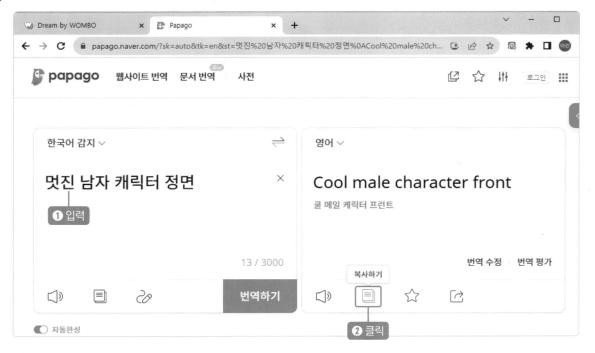

04 '드림웜보' 탭으로 돌아와 복사된 명령어를 붙여넣기([Ctrl]+[V])합니다.

05 그림 스타일을 선택한 다음 <Creat>를 클릭해 인공지능 이미지를 생성합니다.

06 만약 원하는 이미지가 아닐 경우 위 작업을 반복해 새로운 결과물을 만들어 봅니다.

07 원하는 이미지가 표시되면 [이미지를 다른 이름으로 저장] 합니다.

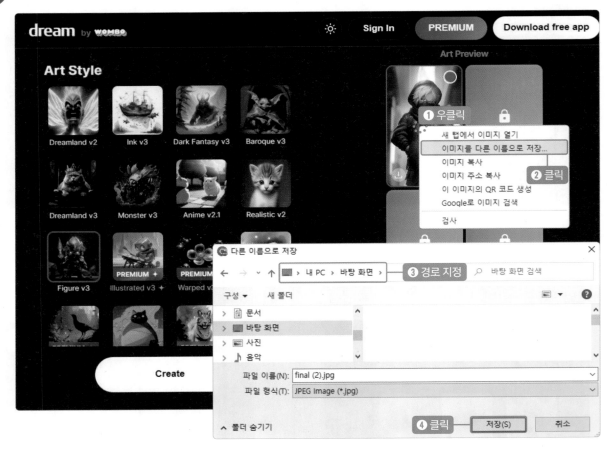

08 똑같은 방법으로 '파파고'를 이용해 필요한 명령어를 번역한 후 자유롭게 게임 캐릭터를 3개 더 생성하고 저장해 봅니다.

마린오브레전드 캐릭터 프로필 화면을 완성해요!

게임 캐릭터와 어울리는 이름을 넣어 캐릭터 프로필 화면을 만들 거예요! PPT 프로그램을 실행하여 [21_마린오브레전드] 파일을 열어주세요.

01 [삽입]–[그림(🖼)]을 클릭한 다음 슬라이드 정보에 어울리는 캐릭터 이미지를 각각 삽입합니다.

02 [삽입]-[WordArt()]를 클릭해 원하는 글자 모양을 선택합니다.

03 자유롭게 게임 캐릭터의 이름을 입력한 후 배치합니다.

04 [홈]에서 원하는 글꼴을 선택하고, 글자 크기를 적당하게 변경합니다.

05 똑같은 방법으로 나머지 캐릭터의 이름을 입력하여 완성해 보세요!

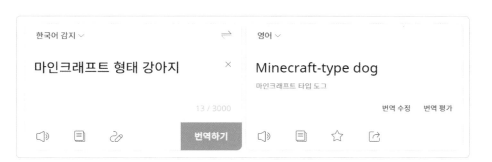

정리하기

다음 중 사람이 그린 그림과 인공지능이 만들어낸 그림을 구분해 보세요.

□ 사람
□ 인공지능

□ 사람
□ 인공지능

□ 사람
□ 인공지능

□ 사람
□ 인공지능

명화를 활용한 음악 플레이리스트

인공지능 도형을 그려 비슷한 미술 작품을 찾은 후 변형해 보세요.

PPT 활용 음악 플레이리스트를 완성한 다음 음악을 감상해요.

 미리보기

>> 실습 및 완성파일 : [22강] 폴더

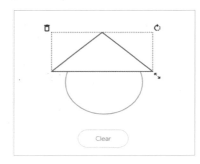  

인공지능

드로우 투 아트를 이용해 멋진 그림을 완성해요!

구글에서 제공하는 드로우 투 아트 서비스는 내가 그린 형태와 비슷한 미술 작품을 찾아주는 인공지능 도구입니다.
또한 선택된 미술 작품을 변형해 보는 기능도 있지요!

01 크롬 브라우저를 통해 '드로우 투 아트'에 접속한 다음 <Skip>을 클릭합니다.

02 도형을 선택하여 그림을 그린 후 실시간으로 추천되는 미술 작품을 살펴봅니다.

03 원하는 작품을 선택하여 다음 단계로 이동해 보겠습니다. 만약 작품이 선택되지 않으면 F5 를 눌러
다시 작업합니다.

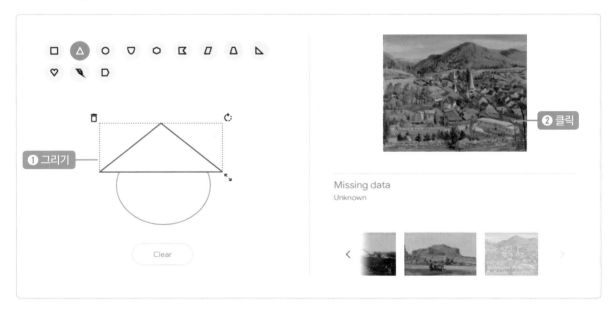

04 아래와 같은 화면이 표시되면 <ArtRemix>를 클릭합니다.

TIP 다른 그림이 나왔어요!

그림 변형이 불가능한 미술 작품이라면, 내가 선택한 것과 다른 그림이 표시되거나, <ArtRemix> 단추가 보이지 않게 됩니다. 이런 경우에는 다른 작품을 선택하여 작업합니다.

05 'ArtRemix' 화면이 나오면 수치를 조절하고 오른쪽 색상이 입혀진 텍스트를 클릭해 다른 키워드를 선택해 봅니다.

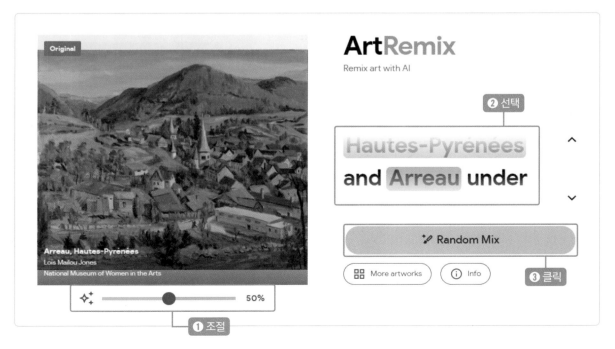

06 리믹스된 그림이 표시되면 작품을 저장합니다.

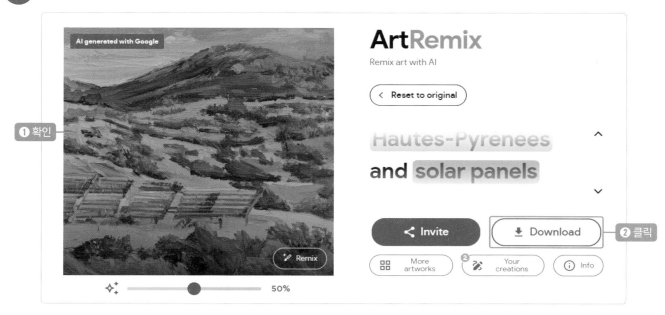

TIP **ArtRemix 결과물을 살펴보아요!**

① 리믹스 수치(✦━━━●━━ 50%)가 높을수록 새로운 형태의 그림, 낮을수록 기존 작품 느낌의 그림이 만들어집니다.

② (< Reset to original)를 누르면 원본 이미지로 돌아갈 수 있어요.

07 'Draw to Art' 탭을 활성화 후 <Clear>를 눌러 새로운 작품을 3개 더 만들어 저장해 봅니다.

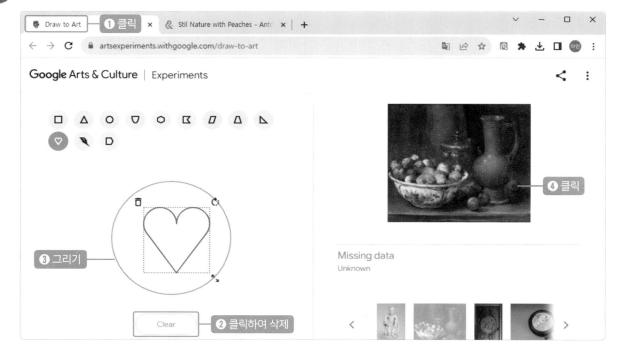

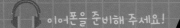 

>>STEP 02

플레이리스트를 만들어 음악을 재생해요!

인공지능 기술로 만든 작품을 음악 앨범 사진으로 이용해 보겠습니다. PPT 프로그램을 실행하여 [22_플레이리스트] 파일을 열어주세요.

01 [삽입]-[그림( )]을 클릭한 다음 [다운로드] 폴더에서 저장된 이미지를 삽입합니다.

02 불필요한 부분을 없애기 위해 [그림 형식]-[자르기( )]를 클릭하여 자르기 조절점을 드래그합니다.

03 그림의 크기와 위치를 적당하게 조절한 다음 나머지 슬라이드도 작업 해 주세요.

04 F5를 눌러 슬라이드 쇼를 실행하면 각 슬라이드마다 재생되는 동요를 감상할 수 있답니다!

드로우 투 아트에서 도형을 이용해 그림을 그린 후 '자동차'가 들어간 작품을 찾아 리믹스 해 보세요.

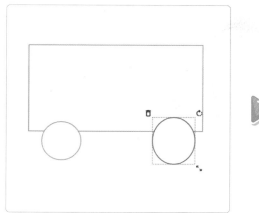

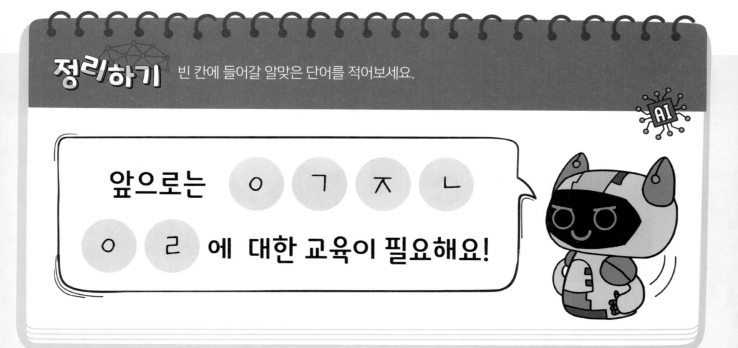

정리하기 빈 칸에 들어갈 알맞은 단어를 적어보세요.

앞으로는 ㅇ ㄱ ㅈ ㄴ
ㅇ ㄹ 에 대한 교육이 필요해요!

로고가 들어간
명함 만들기

 미래 인공지능 기술은 어떤 모습일지 생각해 보아요.

 키워드를 입력해 멋진 로고를 생성해요.

 로고를 넣어 나만의 명함을 만들어 보세요.

 >> 실습 및 완성파일 : [23강] 폴더

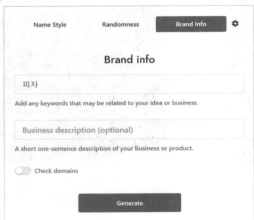

네임릭스를 이용해 로고를 만들어요!

네임릭스는 입력된 키워드를 활용해 회사 이름과 로고를 만들어주는 인공지능 도구예요.

01 크롬 브라우저를 통해 '네임릭스'에 접속한 후 키워드를 입력해 봅니다.

02 이름 스타일을 'Auto(자동)'으로 지정한 다음 'Medium'을 선택하여 적당하게 창의적인 결과를 표시할 수 있습니다.

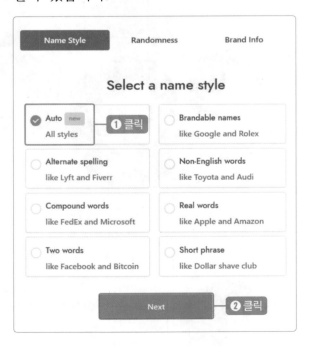

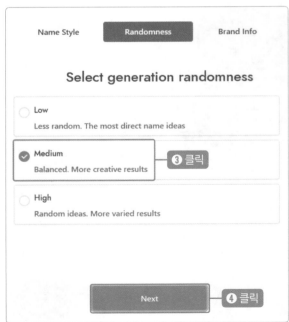

03 제품과 관련된 짧은 문장을 입력하는 부분입니다. 네임릭스가 한글 문장을 인식하지 못하기 때문에 이 부분은 비워놓도록 할게요!

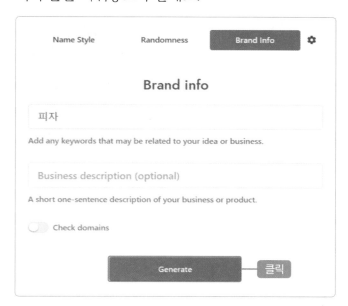

TIP 로고란 무엇일까요?

'로고'는 회사나 단체를 대표하는 그림 또는 글자로, 우리가 자주 사용하는 물건이나 상품에 붙어있어요!

▲ 삼성(가전제품)　　▲ 나이키(스포츠용품)　　▲ 베스킨라빈스(아이스크림)　　▲ 유튜브(동영상플랫폼)

04 다양한 이름의 로고가 생성되면 원하는 그림을 선택해 줍니다.

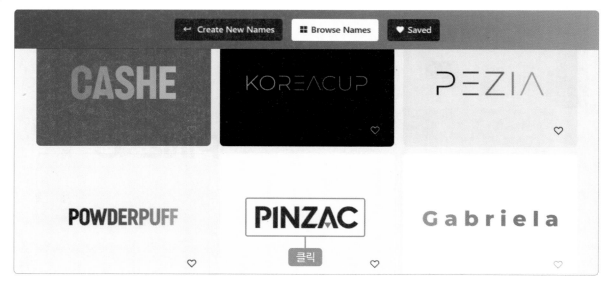

05 를 클릭하여 로고 디자인을 자유롭게 수정해 봅니다. 글자는 어두운 색상, 배경은 흰색이 좋아요!

TIP Ideas **메뉴를 살펴 보아요!**

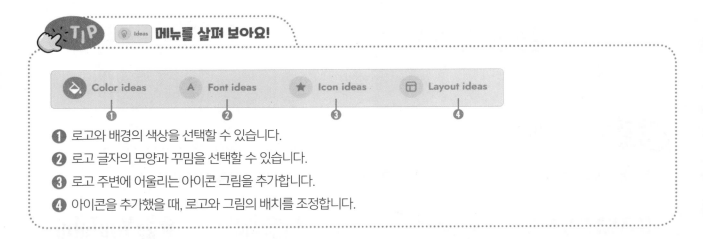

1 로고와 배경의 색상을 선택할 수 있습니다.

2 로고 글자의 모양과 꾸밈을 선택할 수 있습니다.

3 로고 주변에 어울리는 아이콘 그림을 추가합니다.

4 아이콘을 추가했을 때, 로고와 그림의 배치를 조정합니다.

06 디자인이 완료된 로고를 클릭하여 큰 화면을 표시합니다.

07 다음 과정에서 로고를 캡처하는 작업이 있으니, 크롬 창을 종료하지 말아 주세요!

STEP 02

로고를 이용하여 명함을 완성해요!

로고를 캡처하여 PPT 프로그램에 불러온 다음 명함을 만들어 보도록 하겠습니다! PPT 프로그램을 실행하여 [23_명함디자인] 파일을 열어주세요.

01 로고 디자인이 활성화 된 상태에서 '캡처 도구' 앱을 이용해 캡처해 주세요.

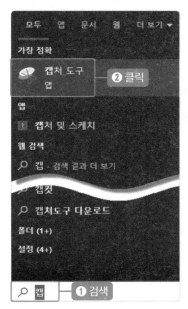

02 [편집]-[복사] 메뉴를 이용하거나, Ctrl + C 를 눌러 그림을 복사합니다.

03 [23_명함디자인] PPT 파일을 열어 복사한 로고를 붙여넣기(Ctrl+V)합니다.

04 [그림 형식]-[색( )]-[투명한 색 설정]을 클릭한 후 로고의 배경을 선택해 줍니다.

05 로고의 배경이 투명해지면 각각의 슬라이드에 보기 좋게 배치합니다.

06 [슬라이드 2]에서 '내용 입력' 부분에 필요한 내용을 입력하여 명함을 완성해 보세요!

네임릭스 사이트를 이용하여 로고를 만들어 보고 친구들과 공유해 보세요.

키워드	car (자동차)

SAFECAR

키워드	glasses (안경)

GOGLASS

키워드	cake (케이크)

TERRA CAKE

키워드	book (책)

Books Rus

  영어로 입력하면 더 정확한 결과를 얻을 수 있어요!

'파파고 번역기'를 활용해 영어로 변역된 단어를 복사한 후 키워드로 사용하면 훨씬 더 정확한 방향의 로고를 만들 수 있습니다.

정리하기

인공지능 기술이 발달하면서 주목받을 직업으로 알맞은 것을 찾아 ○ 표시해 보세요.

마트 계산원	콜센터 상담사	인공지능 개발자	운전 기사

움직이는 크리스마스카드

 인공지능 단순한 그림으로 움직이는 이미지를 검색해요.

 PPT 활용 GIF 그림을 활용해 크리스마스카드를 만들어 보세요.

 미리보기 ▶▶ **실습 및 완성파일** : [24강] 폴더

 인공지능

PPT 활용

친구야~
메리크리스마스!!
선물은 바로 나야
기쁘지?
HAPPY HOLIDAYS

STEP 01

이머스AI를 이용해 움직이는 그림을 저장해요!

이머스AI는 특정 그림을 통해 비슷한 주제의 이미지를 찾아주는 인공지능 도구입니다.

01 크롬 브라우저를 통해 '이머스AI'에 접속한 후 <Upload Image>를 클릭합니다.

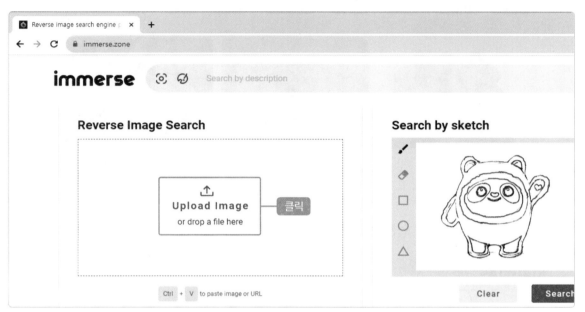

02 [24강] 폴더에서 원하는 그림을 선택합니다.

 스케치 기능으로 검색하는 방법도 있어요!

'Search by sketch'를 이용해 간단하게 그림을 그리면 인공지능 도구가 해당 그림을 인식하여 비슷한 주제의 작품을 찾아 주기도 해요.

03 검색이 완료되면 'GIFs'를 눌러 움직이는 그림을 확인 합니다.

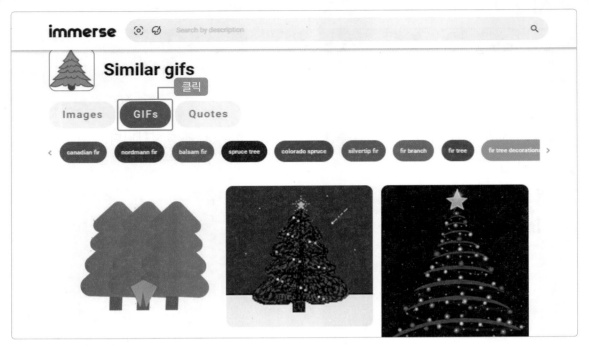

04 원하는 그림 위에서 마우스 오른쪽 버튼을 눌러 [이미지 복사]를 클릭합니다.

TIP 이런 이미지를 선택해요!

크리스마스카드 작품을 만들기 위해서는 세로로 길쭉한 그림을 찾는 것이 좋습니다.

STEP 02

움직이는 크리스마스카드를 만들어요!

복사한 GIF 이미지를 PPT에 붙여넣은 후 크리스마스카드를 꾸며 보도록 할게요. PPT 프로그램을 실행하여 [24_크리스마스카드] 파일을 열어주세요.

01 [슬라이드 1] 또는 [슬라이드 2]를 선택한 후 Ctrl + V 를 눌러 움직이는 그림을 붙여넣습니다.

TIP 크기가 잘 맞지 않아요!

이미지의 비율이 전혀 맞지 않거나, 불필요한 부분을 없애기 위해 [그림 형식]-[자르기(⬚)]를 이용해 그림을 잘라주세요.

02 '필요한 내용을 적으십시오.' 문구를 삭제하고 카드에 들어갈 내용을 입력합니다.

03 내용이 입력된 텍스트 상자를 선택한 상태에서 [애니메이션]–▾을 클릭해 원하는 나타내기 애니메이션을 적용합니다.

04 [슬라이드 3]에서 아이템을 복사한 후 크리스마스카드에 붙여넣어 작품을 완성합니다.

05 F5를 눌러 결과물을 감상해 볼까요?

 **아이템이 움직여요!**

움직이는 카드를 만들기 위해 [슬라이드 3]에 배치된 아이템에는 미리 애니메이션을 적용해 놓았어요!

인공지능 플러스

이머스AI 사이트에서 간단한 스케치를 한 후 여러 가지 결과 이미지를 확인해 보세요.

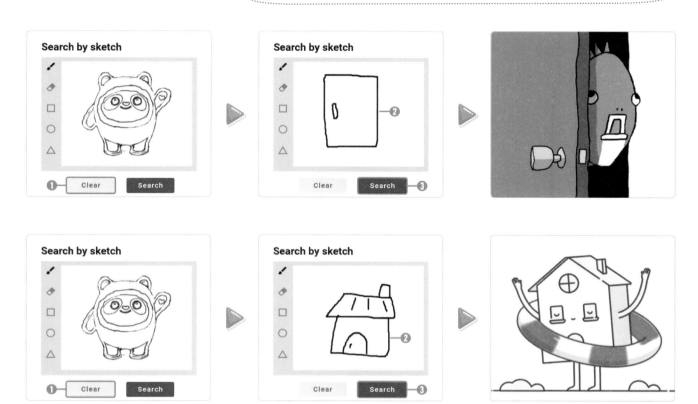

정리하기

빈 칸에 들어갈 알맞은 단어를 적어보세요.

ㄴ ㄱ ㄴ 공평하게

인공지능의 도움을 받을 수 있어요!

MEMO